Natalie Saracco

ZURÜCK AUS DEM JENSEITS

Gottes Segen

Für Gott, der die Liebe ist

Dank

Ein herzliches Dankeschön gilt meiner lieben Mama, die mich immer mit ihren Gebeten und ihrer Liebe unterstützt hat, meinen lieben Herausgebern, Yves Briend und Michel Cool, Jean-Jacques Vannier und dem netten ganzen Team von Salvator.

Inhalt

Vorwort

Man muss sie so nehmen, wie sie ist. Es hat keinen Sinn, eine ihrer rebellischen Locken bändigen zu wollen, wie eine fürsorgliche Mutter das manchmal versucht. Gleich wird sie die ganze lockige Wuschelmähne beim nächsten Lachen wieder schütteln. Es wäre aussichtslos, ihren Schwung bremsen und ihren Wortfluss bändigen zu wollen. Genauso gut könnte man kleine Steinchen auslegen, um damit einen Sturzbach aufzuhalten. Bei Natalie Saracco ist nichts Lebensfremdes zu finden, weder in ihrem Temperament noch in ihrer Lebensgeschichte. Sie ist sehr fröhlich und impulsiv, auch wenn gefährliche Schlenker auf ihrem Weg auftreten, und sie besitzt eine überwältigende Einfühlsamkeit und einen unerschütterlichen Glauben.

Eines Tages wird dieses hübsche, mit den Hufen scharrende und tänzelnde Fohlen – sie voraus und alle anderen hinterher – mit dem Brandzeichen des königlichen Siegels gekennzeichnet sein. Ihre Sprünge werden nie mehr dieselben sein – sondern viel schöner. Sie weiß, zu wem sie gehört. Sie erzählt davon, einfach und verblüffend. Ein tödlicher Unfall bei einer Autofahrt, die sie zusammen mit einer Freundin unternommen hatte. Durch eine innere Blutung schwand das Leben ganz langsam aus ihr. »Lebendig seinem eigenen Tod beizuwohnen und dabei um sich selbst zu trauern, ist nicht einfach. Ich habe es akzeptiert, habe losgelassen und bin ins Jenseits gegangen.«

Kein Tunnel mit einem Ausgang ins Licht, kein Erleben eines Wohlgefühls. Es handelt sich nicht um eine Nahtoderfahrung, wie sie viele beschrieben haben, sondern um eine Begegnung mit Jesus, mit dem Heiligsten Herzen Jesu, und mit seinen Tränen. »Herr, warum weinst du?« – »Ich weine, weil mein Herz sich in brennender Liebe zu euch allen verströmt, und im Austausch erhalte ich nur Kälte, Verachtung und Gleichgültigkeit.«

Natalie Saracco ist das geliebte Kind, das die Tränen des Erlösers als Geschenk erhalten hat. Dieses Geschenk gibt sie an alle weiter, die danach hungern, ohne dass es ihnen bewusst ist, an alle, die das Wort nicht gehört haben, das unser Sein begründet und uns wieder aufrichtet: »Du bist für mich kostbar.« Deshalb hat sie den Film *La Mante Religieuse*[1] gedreht hat und aus diesem Grund wird sie einen neuen Film über Jesus drehen. Und deshalb hat sie ihre Geschichte niedergeschrieben, die mit ihrem Unfall beginnt und über den Filmstart bis zur Fertigstellung von *La Mante Religieuse* reicht. Sie hat Berge versetzt und versetzt noch immer welche, »weil er [Jesus] so schöne Augen hat«.

»Ich bin nicht da, um zu gefallen, noch weniger, um zu überzeugen, sondern um Zeugnis abzulegen von meiner Begegnung mit dem Heiligsten Herzen Jesu, das mein Leben von Grund auf verändert hat.« Wer sie kennt, weiß, welch eine innig Liebende sie ist. Es gibt keine Lüge in

---

1 *Mante religieuse* ist ein Begriff aus der Biologie und bedeutet »Gottesanbeterin« (lat. mantis religiosa). Der Titel des Films spielt auf diese Fangschrecke an, die mit ihren angewinkelten Fangbeinen wie in einer Gebetshaltung aussieht (daher der Name »Gottesanbeterin), sich also auf diese Weise tarnt und verstellt, damit aber zugleich auch für ihre Beute gefährlich ist, weil sie mit ihren Fangbeinen blitzschnell zuschlagen kann (Anm. d. V.).

ihrem Herzen und in dem, was sie geschrieben hat. Durch ihre Liebe zu Christus ist sie weder übervorsichtig geworden noch verkrampft. Durch ihre Worte klingt ihre raue Stimme, ihr prickelndes Lachen, ihre kämpferische Begeisterung, ihr Pariser Jargon durch. Das macht ihren echten Stil aus. Nehmen Sie zum Beispiel ihre Worte im Unfallauto: »Wir waren allein, abgeschnitten vom Rest der Welt, Auge in Auge mit dem Tod, der sich aufdringlich an uns heranmachte.« Man meint, man wäre in einem Krimi mit viel schwarzem Humor. Sie hat einen natürlichen Sinn für das Malerische, für Spannung und für unerwartete Wendungen, die zusammen eine fesselnde Erzählung ergeben. Gefallen will sie nicht unbedingt, aber sie schenkt uns obendrein ein Lesevergnügen, um uns zum Herzen, zum Herzen Jesu hinzuziehen.

Ihre Spritzigkeit und Komik verdecken aber nie die geheimen Regungen ihrer Seele. Den anderen gegenüber zeigt sie eine zärtliche und sensible Großzügigkeit, sich selbst gegenüber einen kindlichen Ernst, rein und streng, der beim winzigsten Detail darauf achtet, ob es dem Vielgeliebten gefallen oder missfallen könnte. Es ist unendlich kostbar, wenn man entdecken darf, wie eine Filmemacherin des 21. Jahrhunderts sich Sorgen macht, ob sie zur Kommunion gehen kann, wonach sie sich sehr sehnt, obwohl sie mit großer Verspätung zur Messe gekommen ist. Wenn sie diese Gewissensbisse mit einer solchen Einfachheit und Genauigkeit offen darlegt, dann fordert sie damit den Spott derer heraus, die sich keine Gedanken machen, träge sind und sich mit wenigem zufriedengeben. Aber einen so hohen Anspruch stellt sie nur an sich selbst, sie verpflichtet niemand anderen dazu. Sie benennt ihn, weil sie ihn lebt. Sie lebt ihn, weil sie das Herz Jesu gesehen hat. *Nicht zum Lachen habe ich dich geliebt.* Ihr Zeugnis zieht uns hinein in diesen Ernst der Liebe, diese Dringlichkeit, sich retten zu lassen. Dies möchte sie unbedingt und mit brennendem Herzen weitergeben.

»Man muss in einem Ausnahmezustand leben … Keine Minute ist zu verlieren.«

Ein Vorgeschmack

Haben Autos »ein musikalisches Gehör«?
An diesem Tag spielte sich auf den Champs-Élysées ein fröhliches Hupkonzert ab, wie es eben bei den Pariser Verkehrsstaus üblich ist. Wie bei einer gut aufgeführten Symphonie antworteten die Autofahrer mit Achtelnoten, Sechzehntelnoten und manchmal stimmten sie sogar selbst ein, je nach dem Vermögen ihres mächtigen »Kastens«, nicht dem ihrer Autos, sondern dem ihrer Brust und ihrer Stimmbänder. Getragen von der elektrisierenden Pariser Brise hallte dieses Hupkonzert der Autos im Stimmengewirr einer Menschenmenge wider, die vor einem Kino versammelt war. Vom breiten Bürgersteig war nichts mehr zu sehen. Er war überfüllt mit Menschen, die ungeduldig darauf warteten, ihre Tickets zu bekommen.

An diesem 2. Juni 2014 fand die Vorpremiere eines kleinen Films statt, über den schon viel geschrieben worden war: *La Mante Religieuse.* Dieser Film, der niemals hätte das Licht der Welt erblicken sollen, wurde nun doch plötzlich in der Arena eines dunklen Kinosaals aufgeführt und der Öffentlichkeit vorgestellt.

Die Entstehung des Films *La Mante Religieuse*

Rückblende

An einem schönen Nachmittag im Juli setzen sich zwei junge Frauen in ihr Auto, lassen Paris hinter sich und nehmen die Autobahn in Richtung Normandie. Eine der Frauen ist Filmemacherin und hat gerade einen berühmten Filmproduzenten getroffen, der bereit ist, ihren Film zu produzieren. Die junge Frau schwebt im siebten Himmel! »Nach all den Jahren, in denen ich geschuftet habe«, freut sie sich, »werde ich endlich meinen Kindheitstraum verwirklichen können: meinen ersten großen Kinofilm inszenieren!«

Eine der beiden glaubt an Gott, die andere nicht. Obwohl sie vollkommen unterschiedlich sind, verbindet diese beiden Komplizinnen eine echte Freundschaft. Sie gehören zu dem Schwarm von Menschen, die früher in Paris gewohnt haben, nun aber »die Kühe der Normandie« gegen die »die Wölfe von Paris« ausgetauscht haben.

Beide freuen sich darüber, dass sie jetzt beisammen sind und ihre Ideen austauschen und gemeinsam über diese Welt philosophieren können, die immer schwieriger zu verstehen ist. Die gläubige Filmemacherin lässt bei einem solchen Tête-à-Tête niemals die Gelegenheit aus, der Ungläubigen von Gott zu erzählen. »Sie mit Religion zu nerven«, würde die andere verbessern. Eine Stunde Fahrt im geschlossenen Wagen war eine Gelegenheit, die man auf keinen Fall verpassen durfte. Ihre arme Freundin, die am Steuer saß, fühlte sich dem Martyrium nahe, und da sie es nicht mehr aushielt, wechselte sie vom Zustand der Ungläubigkeit in den einer überzeugten Atheistin.

»Weißt du, meine Liebe, wir sind nur vorübergehend auf der Erde«, warf die Filmemacherin plötzlich ein.

Ihre Freundin runzelte die Stirn. Solche Redewendungen kannte sie nur zu gut, da sie eine lange Erklärung über Glauben und die Dringlichkeit der Umkehr ankündigten. Sie musste schnellstens reagieren, um den Wortschwall zu stoppen, den ihre begeisterte Mitfahrerin über sie ergießen würde.

»Bitte, lass mich damit in Frieden. Du hast gute Neuigkeiten, du wirst endlich deinen Film drehen können, also *please* … Mit deinem Gott verdirbst du die Stimmung! Offen gestanden, es ist nicht leicht mit dir.«

Die Filmemacherin schwieg drei Sekunden lang, die ihr wie eine Ewigkeit vorkamen.

Wenn Frauen schon üblicherweise wissen, wie ein Gespräch fortgeführt werden soll, dann Filmemacherinnen erst recht – und ganz besonders diese hier.

»Dich in Frieden lassen? Kommt gar nicht infrage!«

Plötzlich begann ihre Freundin, an Reinkarnation zu glauben, da sie überzeugt war, dass sie in ihrem vorherigen Leben ein schreckliches Weibsbild gewesen sein musste, wenn sie jetzt eine solche Begleiterin verdient hatte.

»Der Sinn des Lebens, das ist Gott«, fuhr die von ihm Begeisterte unerschütterlich fort. »Alles andere ist nur eine Illusion, die uns vom Wesentlichen abhalten möchte, von IHM.«

»O. k.! O. k.! Ich werde darüber nachdenken, aber ein anderes Mal«, erwiderte die leidgeprüfte Atheistin und hoffte, dass dieser kleine Ansatz ihres offensichtlich guten Willens die nach Gott Hungernde beruhigen würde.

»Ein andermal ist es vielleicht zu spät.«

Die Fahrerin drückte aufs Gaspedal, um einen nicht enden wollenden Lkw mit Anhänger zu überholen.

»Wer sagt dir, dass nicht heute der letzte Tag deines Lebens ist?«, entfuhr es der »prophetischen Filmemacherin« wie ein Orakel.

Im selben Augenblick – wie eine taktlose Antwort auf die Frage – machte der Zehntonner einen schlechten Scherz, rammte ein Auto und schleuderte es mitten auf ihre Windschutzscheibe. Wie ein wildes Tier, das von nirgendwoher gesprungen kam, warf sich der Kombi Marke »Todesreiter« mit ausgefahrenen Krallen und seiner ganzen Karosserie auf die beiden Schwatzbasen. Ein Tsunami von Stößen, einer heftiger als der andere, warf ihr Auto an die Leitplanke auf der linken Seite, auf der man besser nicht stehen bleiben sollte. Die beiden jungen Frauen waren in ihrer Blechkiste eingeklemmt, Gefangene des Ungeplanten. Heute hatte die gemütliche Autobahn in Richtung Normandie für sie das Aussehen einer Leichenhalle angenommen.

Seid also wachsam! Denn ihr wisst nicht, wann der Hausherr kommt, ob am Abend oder um Mitternacht, ob beim Hahnenschrei oder erst am Morgen. Er soll euch, wenn er plötzlich kommt, nicht schlafend antreffen. Was ich aber euch sage, das sage ich allen: Seid wachsam! (Mk 13,35–37).

Der Unfall

Die Dinge des Lebens. Was für ein herrlicher Film! Ich erinnere mich, ihn als Kind gesehen zu haben. Er hat mich besonders beeindruckt! Romy Schneider und Michel Piccoli, davongetragen vom Wirbelsturm des Lebens. Sie sind schön, jung und stark und scheinen unsterblich zu sein.

»Unsterblich?« Welche leichtfertige Einstellung bringt uns eigentlich zu der Ansicht, Unfälle, Krankheit und Tod gebe es immer nur bei den anderen? Man fühlt sich stark, man glaubt, nichts könne einen erschüttern, bis zu dem Tag, an dem … Genau wie in dem Film von Sautet oder auch in dem Gedicht von Prévert, *Das Lied im Blut:* »Ein Mann ist da mit seinem ganzen Blut in ihm, und plötzlich ist er tot und all sein Blut ist draußen.«

Ich erinnere mich, wie ich an diesem Tag aus dem Meeting kam, mich von diesem wunderbaren Produzenten verabschiedete und auf einer Straße dahinflog, die ganz und gar mit Glück gepflastert war. Endlich sollte ich meinen ersten Spielfilm drehen können. Nichts konnte sich mir mehr in den Weg stellen. Nichts außer diesem verflixten Lastwagen!

O vergänglicher Glanz, Kürze des Lebens …

Der Apostel Jakobus vergleicht in seinem Brief unser Leben mit einem *Rauch … den man eine Weile sieht; dann verschwindet er.* Letztlich vergisst man das.

Ich höre noch, wie meine liebe, gute Freundin zu mir sagt: »Wir kaufen eine Flasche Champagner und stoßen mit deiner Familie an!«

»Eine Flasche pro Person!«, habe ich übermütig gekontert.

Pläne, Leben, Lebenslust, ein gut gefüllter Terminkalender und dann plötzlich – zack! Alles bleibt stehen. Der Tod fragt uns nicht, ob wir noch warten möchten.

Solche Autounfälle sind eigenartig: Alles geht sehr schnell und ereignet sich gleichzeitig im Zeitlupentempo. Die Geräusche verschwinden, als wollten sie uns von den Lebenden abschirmen und uns in eine flauschige, mit Watte gepolsterte Blase eintauchen, eine Art Filter zwischen zwei Welten.

Bei dieser Art von Erfahrung sieht man die Dinge schlagartig aus einem anderen Blickwinkel.

Das Erste, was meine stürmische und stolze Atheistin sofort nach dem Unfall zu mir sagte, klingt noch in meinen Gedanken nach. Im Auto eingeklemmt und vom Schock benommen hatte diese tapfere Lucy den Mumm, mich zu bitten, zu Gott zu beten und ihn um Hilfe zu rufen! Es stimmt, manchmal setzt Gott alles dran, um uns aufzuwecken. Auf jeden Fall hat er das mit uns getan. Mit mir. Obwohl ich damals schon gläubig war. Ich war eine praktizierende Katholikin. Ich »praktizierte« tatsächlich in weichen Pantoffeln und mit den Sicherheiten, die eine Religion gibt.

Wir waren ziemlich lange im Inneren des Autos eingeklemmt oder vielmehr in dem, was von diesem Auto noch übrig war. Die Feuerwehrleute, die normalerweise sehr schnell sind, trafen erst nach einer Stunde ein. Das war Zeit genug, um unsere mit Angst erfüllten Seelen einzutauchen in eine Seelenqual, deren wir uns bewusst wurden. Wir waren allein, abgeschnitten vom Rest der Welt, Auge in Auge mit dem Tod, der sich aufdringlich an uns heranmachte.

Lucy und ich erlebten den Unfall nicht auf die gleiche Weise. Als Fahrerin hatte sie den Aufprall kommen sehen und sich am Steuer festgeklammert. Ich dagegen hatte mich ihr zugewendet und war nur von dem Wunsch erfüllt gewesen, ihr Interesse für Gott zu wecken. Dreimal hintereinander wurde ich nach vorn geschleudert, mit dem Gesicht bis auf wenige Zentimeter vor die Windschutzscheibe. Die Tatsache, dass die alte Kiste, die ihr als Auto diente, überhaupt noch fuhr, grenzte schon an ein Wunder, wenn es außerdem noch Airbags gegeben hätte, wäre das zauberhaft gewesen! Aber Gott sei Dank funktionierten die Sicherheitsgurte noch. Wenn ein Sicherheitsgurt allerdings bei 130 Stundenkilometern blockiert, kann das Verletzungen verursachen, und sie tun sehr weh. Ein Feuerwehrmann hat mir verraten, dass die Heftigkeit durch das bei einer solchen Geschwindigkeit blockierte Gurtband dem Schlag eines professionellen Boxers entspricht. Im Klartext war es so, als ob Mike Tyson über die ganze Länge des Sicherheitsgurtes zugeschlagen hätte! Ich hatte schreckliche Schmerzen, bekam kaum Luft und konnte nur schwer atmen. Plötzlich begann ich, Blut zu spucken. *Ein bisschen, viel, sehr heftig*. Da ich die Medizin schon mit der Muttermilch eingesogen hatte, mein Vater war Allgemeinarzt und meine Mutter Krankenschwester, habe ich für mich eine Diagnose gestellt: innere Blutungen. Alles passte zusammen! Der Sicherheitsgurt hatte mich zwar zurückgehalten, mir aber dabei einige Rippen gebrochen, was erklärte, warum ich nur schwer atmen konnte. Und die Rippen hatten mir einfach die Lunge durchbohrt, daher das Blut, das ich spuckte. Ich erinnere mich übrigens an das hilfsbereite Eingreifen zweier Krankenschwestern in Zivil, die am Seitenstreifen der Autobahn angehalten hatten, um uns beizustehen und uns zu beruhigen, doch was mich betrifft, so wollte ich alles, nur nicht beruhigt werden. Ich wollte die Wahrheit wissen. Mit der mir eigenen Offenheit fragte ich sie direkt, ob sie nicht glaubten, dass ich eine innere Blutung hätte. Die eine drehte verlegen den Kopf weg, die andere antwortete: »Ja.« Sie fügte noch hinzu, wenn die Rettungskräfte kämen, sollte ich ihnen das als Erstes sagen.

»Innere Blutungen ...« Ich wusste nicht, dass diese beiden Wörter so enorm wehtun können. Eine Guillotine in Worten. Ich habe immer noch ihren bitteren Geschmack im Mund.

Immer noch vor der Ankunft der Rettungskräfte rief ich meine Eltern an, um ihnen zu sagen, dass Lucy und ich einen kleinen Zusammenstoß gehabt hätten, nichts Schlimmes, und dass wir später als geplant kommen würden. Mit meinem Vater sprach ich vertraulich und erzählte ihm alles. Er bestätigte meine Vermutung, dass es sich um eine innere Blutung handelte, und er wies besonders darauf hin, dass die Zeit dränge und dass bei solchen Verletzungen innerhalb von zwei Stunden operiert werden müsse. Der einzige Haken: Es war schon mehr als eine Stunde her, seit der Unfall passiert war, und wir waren immer noch in dem Autowrack eingeklemmt. Ich nahm ihm das Versprechen ab, dass er meiner Mutter nichts davon erzählen sollte. Sie ist zu sensibel, zu sehr eine behütende Mutter ... Bevor ich das Telefonat beendete, sagte ich zu meiner Mama: »Ich liebe dich.«

Die Begegnung

Die Scheinwerfer des Rettungsdienstes warfen ihr Licht auf unser Auto, das aufgeschnitten wurde, damit wir herausgezogen werden konnten: Lucy und ich waren die Schauspielerinnen in einer schlechten Comedy-Show, die uns das Leben spielte. Lucys Zustand gab keinen Anlass zur Sorge und deshalb wurde sie nach hinten geschoben. Von jetzt an waren die Scheinwerfer auf mich gerichtet und machten aus meiner armen Person die Heldin einer Szene, auf die ich gern verzichtet hätte. Die Rettungskräfte hatten mich dafür in einen »RoboCop«[2] verwandelt, der mit einer Halskrause in einer Gipsschale verschwand! Mein kleiner schmerzender Körper musste unbedingt am Leben erhalten werden, jede Bewegung konnte zum Schlimmsten führen. Zur Krönung des Ganzen hatten sie mich mit einer Aluminiumdecke zugedeckt, was mich an die Schokoladentafeln erinnerte, die ich so gerne esse! Für die Experten dieses Dramas war es allerdings notwendig, mich warm zu halten.

»Natalie, Natalie! Bleib wach. Du darfst nicht einschlafen«, rief mir der Feuerwehrmann zu.

Aber trotz aller Bemühungen, mich am Leben zu erhalten, ging ich fort … Ruhig. Langsam … aber sicher.

Das Erste, das mir in den Sinn kam, ließ mir einen kalten Schauer über den Rücken laufen: »Du wirst deine

---

[2] *RoboCop* ist ein amerikanischer Science-Fiction-Film, in dem der Polizist Alex Murphy bei einem Einsatz brutal ermordet wird und im Körper eines Roboters zu neuem Leben erwacht (Anm. d. V.).

Seele zurückgeben müssen und du hast nicht gebeichtet!« Einer praktizierenden Katholikin wie mir konnte nichts Schlimmeres passieren! Wie sollte ich in den Himmel kommen, wenn die Schwere und der Schmutz meiner Sünden mich daran hinderten? Welch ein Schrecken! Im gleichen Moment antwortete mir der Herr: *Ich kenne die Absicht deines Herzens, beunruhige dich nicht.* Genau in diesem Augenblick spürte ich, wie das Leben aus mir wich. Ein merkwürdiges Gefühl: Die Energie, die intensive Wärme in mir schwanden nach und nach, zuerst aus dem Kopf, wie bei einer mit Flüssigkeit gefüllten Plastikflasche, die ein Loch hat. Je mehr mich diese Wärme verließ, desto mehr erstarrte mein Körper wie kalter Marmor. Ich weiß nicht, wie lange das dauerte, aber es kam mir sehr lange vor. Lange genug, um die Situation zu analysieren und der Wahrheit ins Auge zu blicken: Ich war dabei zu sterben, und mein Sein erlosch nach und nach wie das Ende einer Wachskerze.

»Mein Gott, das ist nicht möglich, dass mir das passiert! Nicht jetzt, nicht so. Ich bin nicht bereit.«

Das Schmerzlichste in dieser Art Prüfung besteht darin, dass man nichts tun kann. Man kann nichts ändern, man kann nur alles ertragen, und das bei vollem Bewusstsein. Es gibt keine andere Möglichkeit, als loszulassen. Ich spuckte weiterhin Blut und hatte immer mehr Mühe mit dem Atmen. Mein Herz schlug, als wollte es alles zerschlagen und mir aus der Brust springen, um ein neues Leben außerhalb von mir zu beginnen, weil ich es verraten hatte! Und diese intensive Wärme verließ mich und sank hinab zu den Füßen, ohne dass ich sie aufhalten konnte, ohne dass ich meine Haut retten konnte! Lebendig seinem eigenen Tod beizuwohnen und dabei um sich selbst zu trauern, ist nicht einfach.

Ich habe es akzeptiert, habe losgelassen und bin ins Jenseits gegangen.

Ich weiß nicht, ob ich das Bewusstsein verloren habe oder ob mein Herz aufgehört hat zu schlagen, aber ich weiß sicher, dass ich mich plötzlich vor dem Heiligsten Herzen Jesu befand.

Und da war er, der Schock! Nicht, dich zu sehen, darauf war ich eingestellt, aber dich in einem so kläglichen Zustand zu sehen. Du, mein Erlöser, mein Vielgeliebter, der schreckliche Qualen leidet und vor mir heiße Tränen vergießt. Du, in einem weißen Gewand, der du mir dein Heiligstes Herz zeigst, das von einem Dornenkranz umschlungen ist, und dein vom Leiden entstelltes Gesicht.

Oh, mein Herr, deine Qual war so groß, dass mir deine Tränen wie ein ganzes Meer von Schmerzen erschienen, aller Schmerz war hier gebündelt! Du hast mir dein Herz gezeigt, das blutige Tränen weinte, deren Farbe leuchtend rot war. Es weinte und erlitt die gleichen Todesqualen wie du. Eure Tränen verschmolzen und gelangten in mein armes sündiges Herz. Eure Qualen waren so stark, unerträglich stark. Dein Schmerz, Herr, deine Qual war so grauenhaft, als ob du allein alles Leiden und alle Bitterkeit dieser Welt auf dich genommen hättest. Dieser Welt, die du so sehr geliebt hast, dieser Welt, die du so sehr liebst, dieser Welt, die dich so sehr ablehnt.

Warum hast du mir deine Todesqualen gezeigt? Warum hast du mich das fühlen lassen? Es war unerträglich!

Wolltest du Trost bei einem liebenden Herzen finden oder geschah es, um mir die Spuren der Leiden zu zeigen, die von meinen Sünden verursacht worden sind? Unglücklicherweise glaube ich, dass es eine Mischung von beidem war.

Angesichts deines tiefen Schmerzes vergaß ich mich ganz. Ich war wie niedergeschmettert durch deine Wunden.

Schluss mit der Furcht vor dem Tod und dem Bedauern darüber, dass ich mich nicht von denen verabschieden konnte, die ich liebte. Es gab nur noch dich und mich. Und es gab nur noch dich.

»Warum weinst du, Herr?«, brachte mein fassungsloses Herz hervor.

Ich weine, weil ihr meine geliebten Kinder seid, meine viel geliebten Kleinen. Ich habe mein Leben für euch gegeben. Ich weiß nicht, was ich mehr für euch hätte tun können, und ihr lehnt mich ab. Ich weine, weil mein Herz sich in einer großen Liebe für euch alle verzehrt, wer auch immer ihr seid, und im Austausch erhalte ich nur Kälte, Verachtung und Gleichgültigkeit. Ich weine, weil es nichts Schlimmeres gibt, als von denen, die man liebt, missachtet und zurückgewiesen zu werden.

Deine Passion, Herr, setzt sich heute in deinem von Liebe brennenden Herzen fort, das nicht nur von unseren Sünden, sondern auch von unserer Gleichgültigkeit dir gegenüber gebrochen wird.

Mein Herz verzehrt sich in leidenschaftlicher Liebe für euch alle …

Bei Gott gibt es kein *Casting*, er liebt uns alle, wie wir sind, und er will uns retten. Seine Barmherzigkeit ist viel größer als unsere Sünden und unsere Verfehlungen. Die grenzenlose Macht seiner Vergebung wird immer stärker sein als unsere Verletzungen. Das ist die Allmacht Gottes: Seine Liebe ist stärker, als wir es sind, und seine Vergebung ist größer als unsere Verfehlungen.

Der Apostel Petrus hat Christus verraten, indem er ihn dreimal verleugnet hatte, aber er hat niemals an der göttlichen Barmherzigkeit gezweifelt. Keinen Augenblick. Im Gegensatz zu Judas, der dachte, seine Sünde sei unverzeihlich und der sich selbst richtete und Selbstmord beging.

Wenn man der Liebe Gottes Grenzen setzt, dann verkennt man Gott. Dann übersieht man ihn und das wahre Glück. Und das wahre Glück besteht darin, sich von ihm lieben zu lassen, so wie wir sind, bis auch wir unser ärmliches Menschsein akzeptieren, das manchmal unerträglich ist. Vielleicht ist das Demut, dass wir es wagen, uns so zu sehen, wie wir sind, und nicht, wie wir gerne sein möchten, unsere eigenen Schwächen und Grenzen zu erkennen, ohne einen einzigen Augenblick an der Liebe unseres Herrn zu zweifeln. Niemand ist Gottes würdig außer Gott selbst. »Wenn du warten willst, bis du heilig bist, um Gott zu lieben, dann wirst du ihn niemals lieben …«, sagt uns der heilige Augustinus. Es ist besser zu erkennen, dass man armselig ist, als sich falsche Verdienste anzudichten. Sich infrage zu stellen, ist grundsätzlich notwendig. Wie soll man seine Fehler korrigieren, wenn man sich weigert, sie zu erkennen?

Die Liebe unseres Herrn übersteigt jedes Verstehen. Sie ist größer als alles, was man sich vorstellen kann. Das Heiligste Herz Jesu ließ mich dies bei unserem »Rendezvous von Herz zu Herz« zwischen Leben und Tod erkennen. Wie einen Luftstrom habe ich diese Liebe mitten in meinem Herzen empfangen. Einen heißen Luftstrom.

Als »gute Katholin« hatte ich gedacht, ich würde die Liebe Gottes kennen. Ich war zur Messe gegangen, hatte im Evangelium gelesen und seine Barmherzigkeit besungen. Kurz: »Mir war sie bekannt!« Fehlanzeige. Seine Liebe sprengt alles und beginnt bei uns und unseren menschlich begrenzten Projektionen. Mein Herz wäre beinahe explodiert, so sehr wurde es überflutet, überströmt und umgedreht von seiner Zärtlichkeit! Wir kleinen Wesen können unmöglich die unendliche Weite und Tiefe seiner Zärtlichkeit aufnehmen.

Gott, der Unergründliche.

Zusätzlich zu seiner leidenschaftlichen Liebe zu uns hat mir das Heiligste Herz Jesu offenbart, wie sehr es sich nach uns sehnt, wie sehr es von uns, seinen kleinen Kindern, geliebt werden möchte.

Er, der Einzige, der allein Heilige, der Ewige, Allmächtige, geht so weit, dass er zusätzlich zu dem freien Willen, den er uns schenkt, uns arme Geschöpfe um unsere Liebe anbettelt! Obwohl er uns nicht braucht. Wir dagegen, wir brauchen ihn. Und ob wir wollen oder nicht, werden wir am Tag unserer Begegnung mit dem Sensenmann zur Verantwortung gezogen. Gottes freizügiges Verlangen nach uns zeigt, wie sehr er uns liebt. Seine Größe und seine Majestät offenbaren sich voll und ganz in seiner Erniedrigung uns gegenüber.

Angesichts der leidenschaftlichen Liebe Christi, seines Leidens und seiner Sehnsucht, von uns »auf menschliche Weise« geliebt zu werden, entfuhren meinem ganzen Wesen die Worte: »Wie schade, Herr, dass ich gerade jetzt meine Seele zurückgeben soll. Gerne würde ich auf die Erde zurückkehren und Zeugnis ablegen von deiner Liebe, die jedes Verstehen übersteigt, und von deinem Leiden, verursacht durch unsere Sünden und durch unserer Zurückweisung, um dich zu trösten.«

Kaum hatte ich diesen Wunsch formuliert, hast du mich an einen anderen Ort mitgenommen, auf eine ganz andere Bühne. Und was du mich dort hast sehen und erleben lassen, war etwas ganz anderes. Erst jetzt, nach all den Jahren, verstehe ich den Sinn.

Eine surreale Umgebung, die zugleich voll und leer war. Eine riesige Dimension, die nicht beschrieben werden kann.

Von vornherein bedrückte mich, wie klein ich war. Mein ganzes Sein fühlte sich an wie zusammengedrückt, als würde ich auf die Größe einer Liliputanerin schrumpfen. Über mir war etwas wie ein waagrechter Kreis in der Form eines Halbmondes, der in eine Wolke eingehüllt war. Ich sah nichts, aber ich fühlte alles. Ich sah nichts, aber ich wusste alles. Genau in diesem Augenblick, Herr, hast du mir erlaubt, mit meinem Herzen die volle Wahrheit zu erkennen. Ich war da, ein winziges Etwas, ein winzig kleines menschliches Teilchen, eine Minizelle, ein lebendiges Staubkorn, vor diesem imposanten Halbmondkreis, der majestätisch vor mir thronte.

Ich verstand sofort, dass dies das himmlische Gericht und die Stunde meines persönlichen Gerichts war. Der heilige Paulus spricht davon in einem seiner Briefe, den ich damals noch nicht gelesen hatte. Aber ich wusste es ganz sicher, es gab nicht den geringsten Zweifel daran. Dies war die Stunde meines Gerichts, wie es auch für uns alle diese Stunde des Gerichts geben wird. Ich kann euch nur sagen, dass dies kein Scherz ist. Das Geschöpf muss bis zum letzten Cent Rechenschaft ablegen. Keine Chance, sich zu rechtfertigen oder seine Schuld loszuwerden. Den Spielplatz für die großen Kinder, die wir alle sind, gab es nicht mehr. *Ich habe ihr die Zunge herausgestreckt, weil sie mich an den Haaren gezogen hat. Ich habe meine Waffe herausgeholt, weil er als Erster geschossen hat.*

Das entblößte Geschöpf steht in seiner ganzen Wahrheit vor seinem Schöpfer. Das ist dermaßen niederschmetternd, dass es unerträglich wird. Das Schlimmste ist die Vorstellung, dass »alles vollendet ist«. Du kannst nichts mehr wegnehmen und nichts mehr hinzufügen, was auch immer du getan hast. *Die Würfel sind gefallen, nichts geht mehr.*

Das Irrwitzigste war, dass Jesus genau in diesem Moment, dem schlimmsten meines Lebens, in der schrecklichsten Stunde meines Gerichts, verschwunden war! Er, der in meinem Leben immer an meiner Seite gewesen ist, hatte sich verflüchtigt! Ein Gefühl von Schrecken, Angst und Seelenqual. Im selben Augenblick wurde mir klar, dass er mich nicht verlassen hatte. Er war Teil des himmlischen Gerichts, das aus Vater, Sohn und dem Heiligen Geist bestand. Alles, was Jesus in meinem Leben hatte tun können, um mich zu retten, hat er getan. »Alles ist vollbracht«, wie am Kreuz. Jetzt war ich allein vor dem unerbittlichen Gericht und befürchtete die schlimmste Strafe.

Eine laute Stimme war zu hören: *Ihr werdet nach der Liebe gerichtet, der wahren Liebe zu Gott und zu euren Geschwistern.*

Man soll Gott nicht aus Angst lieben, aus Tradition oder aus Gewohnheit, sondern mit seinem Herzen, mit seinem ganzen Inneren! Ihn soll man um seiner selbst willen lieben, unabhängig davon, was er uns gibt und was er uns zuteilt. Ihn soll man lieben wegen seiner liebevollen, schönen Augen und nicht wegen seiner Börse, so reich an Barmherzigkeit. Ihn soll man in aller Einfachheit lieben, in aller Wahrhaftigkeit. Wie jeder Liebende will der Herr um seiner selbst willen geliebt werden. Er gibt uns alles, aber er erwartet auch alles von uns. Die Liebe ist herausfordernd, die Liebe ist kompromisslos, Gott ist die Liebe.

Unser Herr empfindet eine große Liebe für uns! Er liebt uns leidenschaftlich und ging bis zum Äußersten, bis zum Kreuz … so weit, dass er sich uns auch heute noch schenkt trotz des Leids, das man ihm antut, und dies besonders in der Eucharistie. Wenn man es sich überlegt, dann ist es etwas ganz Unglaubliches, dieses Verlangen Gottes nach uns und dieses Vertrauen, das er in uns setzt! Er glaubt an uns. Die Welt glaubt nicht an ihn, aber er glaubt glücklicherweise an uns, denn sonst wären wir alle erledigt! Jede Seele, die verloren geht, ist ein Blutstropfen Christi, der verloren geht.

Und die Liebe zum Nächsten versteht sich von selbst. Der Herr will, dass unser Herz von einer ehrlichen Liebe zu unseren Brüdern und Schwestern erfüllt ist. Wie der heilige Paulus sagt: *Wenn ich alle Glaubenskraft besäße und Berge damit versetzen könnte, hätte aber die Liebe nicht, wäre ich nichts. Und wenn ich meine ganze Habe verschenkte und wenn ich meinen Leib opferte, um mich zu rühmen, hätte aber die Liebe nicht, nützte es mir nichts* (1 Kor 13,2). Was die Liebe angeht, sind wir alle Autisten. Wir wollen unseren Herrn bitten, dass er uns im Alphabet seines Herzens die richtigen Worte finden lässt, mit denen wir ihm die schönsten Sätze schreiben können im Einklang mit seinem Willen. Der Roman über unser Leben soll eine Liebesgeschichte mit ihm und mit unseren Brüdern und Schwestern werden. Darin besteht der ganze Sinn unserer Existenz. Liebe, Liebe, Liebe, alles andere sind nur literarische Worte.

Und hopp! Zurück zum Absender. Ich bin zurückgeworfen in meinen armen Körper, der sich im Autowrack befindet. Ich erinnere mich, dass ich einen ziemlichen Satz machte. Ich spürte einen Elektroschock von seltener Stärke. Als ob ich aus einem warmen Bad gekommen wäre, hatte ich das Vergnügen, einen Stepptanz auf Hochspannungsdrähten zu vollführen. Und dann das umgekehrte Phänomen: Etwas Heißes stieg meinen ganzen Körper empor von den Füßen bis zu meinem Kopf. Ein Gefühl von intensiver Wärme erfüllte mein ganzes Wesen bis ins Innerste meiner Knochen, meines Blutes, meines Fleisches. Tatsächlich hörte ich auf, Blut zu spucken. Mein eisiger, gelähmter, marmorharter Körper begann, sich wieder zu bewegen. Die kalte Grabplatte, mit der das Böse mich hatte schmücken wollen, verwandelte sich in das Versprechen eines neuen Lebens.

All das geschah, als wir im Auto eingeklemmt waren, in dem Augenblick, als die Feuerwehrleute die Windschutzscheibe aufbrachen, um uns aus unserem Gefängnis zu befreien.

Wie lange hatte diese »mystische Reise«, »diese Erfahrung einer anderen Welt« gedauert? Ich habe keine Ahnung. Vielleicht nur einige Sekunden, vielleicht länger. Bin ich wirklich im Jenseits gewesen? Habe ich das Bewusstsein verloren? Ich weiß es nicht. Ich weiß nur, dass ich eine leidenschaftliche Begegnung mit dem Heiligsten Herzen Jesu hatte, eine echte Begegnung von Herz zu Herz, in der Worte keinen Platz mehr hatten, so intensiv und intim war sie. Dasselbe gilt für das himmlische Gericht. Sicher ist, dass unser Gott ein Gott der Liebe und Barmherzigkeit ist, trotzdem auch ein Gott der Gerechtigkeit bleibt, dessen Gerichtsurteil unerbittlich ist. Zu diesem Zeitpunkt erschienen mir diese beiden »Erscheinungen, Begegnungen, Erfahrungen« – ich weiß noch immer nicht, welche Bezeichnung richtig ist – als nicht zusammenpassend, sogar als widersprüchlich. Wie kann unser Gott zugleich ein Gott der Barmherzigkeit sein, der sich in Liebe um seine Kinder verzehrt, und gleichzeitig ein unerbittlicher Richter, der keine Kompromisse macht? Weil Gott gerecht ist. Er ist genauso unendlich in seiner Barmherzigkeit wie in seiner vollkommenen Gerechtigkeit.

Den Feuerwehrleuten gelang es endlich, uns aus der Klapperkiste zu befreien. In weiter Ferne sah ich flüchtig das Blaulicht des Krankenwagens am »Ufer der Lebenden«, das uns einlud, wieder festes Land zu betreten. *Noah, gerettet vor den Fluten.* Diese Ruhepause hat nur einen kurzen Augenblick gedauert. Alle Krankenhäuser waren belegt und wir steckten nun im Krankenwagen und warteten auf dem Standstreifen der Autobahn. Dabei handelte es sich um einen Notfall … Diese unglaubliche und surreale Situation zog sich lange hin. Diese weitere Wartezeit diente den Plänen des Widersachers bestens, um mich sterben zu lassen aufgrund meiner inneren Blutungen. Je mehr Zeit verging, desto weniger Chancen hatte ich davonzukommen. Ich war die Gans, die ihr Schlachter mästete.

Das Weitere im Krankenhaus war das Übliche: jede Menge Untersuchungen, Röntgenaufnahmen, Ultraschalluntersuchungen des Herzens usw. bis ins letzte Detail mit einem kleinen Unterschied: Man fand weder die geringste Spur einer inneren Blutung noch einer Verletzung noch eines Bruchs.

Aber wie kann man dann meinen todesnahen Zustand und all das Blut, das ich gespuckt hatte, erklären? Nur Gott weiß es.

Das Pflegepersonal wollte mich vierundzwanzig Stunden lang zur Beobachtung behalten. Nach der Heftigkeit eines solchen Aufpralls und meinen klinischen Symptomen kann man niemals sicher sein: Ein kleiner tödlicher Spielverderber könnte doch noch seine Nasenspitze zeigen. Aber ich rief ein Taxi und fuhr weg. Zwar etwas durcheinander – ich hatte schreckliche Schmerzen –, aber ich war unbeschwert. Nichts konnte mir geschehen, der Herr hatte mich wieder ins Lot gebracht und nun lag es an mir, den richtigen Weg einzuschlagen.

Rückblende: ein Jahr vor der Begegnung

Sacré-Cœur auf dem Montmartre, da gibt es keinen Einwand, ist top! Das heilige Altarsakrament wird rund um die Uhr ausgesetzt für alle, die es anbeten möchten – zu denen ich gehöre – und für die armen Sünder – zu denen ich auch gehöre. Die Möglichkeit der Beichte und der Teilnahme an der heiligen Messe, die eine nach der anderen gefeiert werden, gibt es bis spätabends, was ausgesprochen praktisch ist.

Es war ein Montagmorgen – ich war sehr früh aufgestanden, oder war es nach einer schlaflosen Nacht?, wobei ich eher von der zweiten Hypothese ausgehe – und ich ging eher zufällig zur Beichte, als ob es bei Gott einen Zufall gäbe! Einstein hat gesagt, dass »der Zufall sich dann ereignet, wenn Gott inkognito bleiben möchte«. Es war sonst niemand da außer mir. So hatte ich nicht einmal Zeit, darüber nachzudenken, ob ich nicht doch noch umkehren sollte.

Eine Glastür geht langsam auf und lässt einen schwachen Lichtschein sichtbar werden. Ich gehe innerlich auf Zehenspitzen bis zum Beichtstuhl und verwandle mich bei jedem Schritt mehr an eine dicke, schwere Hundertjährige mit Bleigewichten an den Schuhen. Je mehr ich dem Beichtstuhl näher komme, desto mehr wächst meine Angst und desto mehr weiche ich innerlich zurück. Ein Priester in einer weißen Albe wartet. Er sitzt gebeugt da und vergräbt den Kopf in seinen Händen. Etwas scheint ihn zu bedrücken. *Meine Güte, eben vorher hat er wohl eine schwere Beichte abgenommen, und das alles wird auf mich zurückfallen!* Ich schlängele mich wie ein Aal in einem Glasgefäß, um mich von diesem Piranha Gottes verschlingen zu lassen.

»Machen Sie die Tür zu«, flüstert er, ohne den Kopf zu heben.

»Mist!« Ob ich da wieder lebend herauskomme? Nun war ich von diesem Gottesmann mit den Netzen der göttlichen Vorsehung gefangen worden! Ich weiß nicht, ob sich dies zu einem wunderbaren Fischfang entwickeln wird, aber eines ist sicher, er wird sehr mühsam sein! Dann spucke ich meine Sünden aus. Aber anstatt mich mit moralisierenden, vorgefertigten Sätzen aufzuspießen, lächelt der Priester mich an.

»Sie tauchen zusammen mit den anderen in die Tiefe ein, um diese mit an die Oberfläche zu bringen. Durch Ihre Verletzungen gibt der Herr Ihnen die Gnade, sein Kreuz mit ihm zu tragen. Freuen Sie sich!«

Das Kreuz mit ihm tragen, ich gestehe, dass mich das ein wenig erschreckt hat. Aber nachdem der Priester mir die Absolution erteilt hatte, habe ich mich nicht nur sehr leicht, sondern auch glücklich und befreit gefühlt. »Slim Fast« wurde von »Slim Beichte« übertroffen! Welch eine überwältigende Freude, sich von der Liebe Gottes in diesem unvergleichlichen Sakrament ergreifen zu lassen!

Als Buße gab mir dieser Kronprinz des »Großen Königs« auf, jeden Tag ein Gebet zum Heiligsten Herzen Jesu zu sprechen. Sofort verwandelte sich der süße Balsam in eine Falle. Wie bei vielen armen Sündern genügt es auch bei mir, dass ich, wenn ich mich zu einer Aufgabe verpflichtet fühle, keine Lust mehr dazu habe! Ein Gebet für das ganze Leben, Angst. Fünfzehnmal täglich vergesse ich meine Schlüssel, mein Handy usw., und nun »soll« ich mich täglich an ein Gebet erinnern! Ich bin aus dem Beichtstuhl gekommen – mein Herz ist mir in die Hose gerutscht – mit einem Gebet in der Hand. Schlussendlich habe ich dieses Gebet nie gebetet, nicht aus bösem Willen, sondern weil ich es verlegt und ganz vergessen hatte.

Ein Jahr vergeht. Es ist der Tag nach dem Unfall und nach meiner Begegnung mit Jesus. Ich bin zu Hause, wache auf und bin wie gelähmt vor Schmerzen. Ich öffne die Augen und genieße aus ganzem Herzen die Gnade, immer noch am Leben zu sein und das mit mehr »Lebenslust« denn je. Vorsichtig bewege ich meinen Kopf – es ist, als ob die Halsschlagadern platzen würden –, ein kleiner Schlag in den Nacken, wie man Hasen tötet –, beinahe wäre ich querschnittgelähmt gewesen. Rechts neben meinem Bett auf dem Nachttisch liegt das Gebet zum Heiligsten Herzen Jesu, das ich vergessen und verlegt hatte. Jetzt war es plötzlich da und lehnte an meiner Wasserflasche. Was macht dieser verrückte Zettel hier? Ordnung und Aufräumen gehören zwar nicht zu meinen Prioritäten, aber in meiner organisierten Unordnung, anders will ich sie nicht nennen, weiß ich doch, wo die Sachen sind.

Was macht dieses Gebet hier?

War die faule Schülerin jetzt bereit, die göttliche Algebra zu entziffern?

Von diesem Moment an bis heute erfüllt dieses tägliche Gebet mein Leben. Jeden Morgen verkoste und genieße ich es und lasse es in der tiefsten Tiefe meines Herzens zergehen. Wenn der Herr uns nachgeht, kann man ihm nicht leicht widerstehen. Das Heiligste Herz Jesu hatte demnach schon lange vor unserer Begegnung versucht, mich zu gewinnen, nur dass ich es nicht bemerkt hatte. Ich war nicht nur eine faule Schülerin, sondern sah auch noch schlecht.

Einige Zeit nach der »wunderbaren Fischfang-Beichte« auf dem Montmartre – immer noch vor dem Unfall – fuhr ich in die Haute-Savoie. Ich mag die Berge und die endlosen Weiten. Die Natur bringt uns dem Wesentlichen näher. Ich war mit Lucy, meiner »Lieblingsatheistin«, unterwegs. Wir hatten eine Berghütte in der Pampa gemietet, weit oben mit Blick auf die Gipfel, der perfekte Rückzugsort, den ich dringend brauchte. Es war ein Samstagabend. Auf keinen Fall wollte ich die Vorabendmesse zum Sonntag verpassen, diese fand in der Abenddämmerung statt … Wie eine verlorene Seele irrte ich durch die Straßen von Thonon und hofften darauf, einen frommen Menschen zu treffen, der mir Auskunft geben könnte, wann und wo eine Messe gefeiert würde. Dieses Luder von Lucy schaute mich amüsiert an. Dieser Eurasierin kam ich plötzlich »chinesisch« vor: »Wem renne ich hinterher und vor allem warum? Gott existiert nicht, das ist klar!« Arme Lucy, »süße Meerjungfrau des Atheismus«, du wirst nichts verpassen, wenn du einfach nur wartest. Auch dich hat er erwählt. Die Läden machten nacheinander zu, die Cafés leerten sich. Nichts und niemand war da, um mir Auskunft zu geben, in welcher Kirche an diesem Samstagabend die Messe gefeiert würde.

Loslassen, sich ihm überlassen, ihm vertrauen.

Wie ein Zombie, der den unsichtbaren Gott sucht und sich dabei auf eine übernatürliche Auferstehung gefasst macht, bin ich losgegangen, immer der Nase nach, und wurde von einem sonderbaren sechsten Sinn geführt.

Lucy folgte mir wie ein böser Schatten, der nur darauf wartete, sich an meinem Misserfolg zu ergötzen. Geführt vom GPS der göttlichen Liebe stand ich plötzlich vor der Kirchentür! Ich drehte mich um, nicht ohne eine gewisse Genugtuung, warf meiner asiatischen Freundin mit der ganz anderen Einstellung ein breites Lächeln zu.

»Kommst du mit?«, schleuderte ich ihr entgegen. Mein Sieg stand mir ins Gesicht geschrieben.

»Nein danke«, gab sie etwas verärgert zurück.

»Ich gehe in das Café dort drüben«, fügte sie hinzu.

»Wenn du wieder herauskommst, findest du mich dort.«

Und dann verschluckte mich das Gotteshaus zur einzigen »Friedensparty«, der einzigen Messe in der ganzen Gegend. Es war brechend voll. Am Eingang stürzte sich ein junger Priester mit ausgestreckter Hand auf mich:

»Willkommen in der Kirche zum Heiligsten Herzen Jesu«! Welch ein Zufall.

»Danke, Herr Pfarrer.«

Ich schaute ihn genauer an und bemerkte, dass er wie ein Greis aussah. In Wirklichkeit ähnelte er den Menschen hier, dieser ungewöhnlichen Versammlung, die die Kirche füllte. Das Kirchenschiff war brechend voll mit älteren Leuten. Je weiter ich auf der Suche nach einem Platz nach vorn ging, desto mehr solcher Menschen, die zur Herde gehörten und bereits am Lebensende angekommen waren, entdeckte ich. Gott hat kein Alter und sein Haus ist für alle da. Aber ich war überrascht, dass junge Leute aus dieser merkwürdigen Gemeinde verbannt zu sein schienen. Ich flüchtete mich auf den letzten freien Platz vorn vor dem Altar. An diesem Tag reichte es mir, ich war völlig am Ende. Ich kniete nieder, betete und vergrub dabei mein Gesicht in beiden Händen. Die Älteste von allen war in Wirklichkeit ich selbst.

Ich sah diese Kirche voller Omas und Opas, und bald trat mein persönlicher Schmerz in den Hintergrund: »Herr …

Mein armer Herr, was wird denn geschehen, wenn diese Leute einmal sterben? Wird deine Kirche dann leer sein? Vielleicht wird sie sogar zerstört oder in eine topmoderne Diskothek umgebaut werden. Wie traurig! Du, der du dein Leben aus Liebe für uns hingegeben hast, um uns zu retten.« Und ich fing an, bitterlich zu weinen. Plötzlich spürte ich, wie jemand mich eindringlich anschaute. Wie durch einen Magneten angezogen, blieb mir keine andere Wahl, als den Kopf zu heben und die Augen zu öffnen. Über mir prangte ein riesiges Fresko, auf dem Christus mit geöffneten Armen und seinem Heiligsten Herzen, umschlungen von einem Dornenkranz, abgebildet war.

Jesus wandte sich an mein müdes Herz:

Wenn dich dein Leben nicht mehr interessiert, dann gib es mir. Dein Leben gehört mir, aber ich möchte, dass du es mir aus freien Stücken übergibst.

Er wartete, er, der große Gott, auf meine Antwort. Ich war völlig gelähmt, aber mein Herz war es nicht.

»Aber ja, mein Herr, natürlich übergebe ich es dir!«

Und ich löste mich in Tränen auf.

Du liebst mich, ich weiß es, fuhr er fort, *deshalb rechne ich mit dir, dass du dafür sorgst, dass sich meine Kirche wieder füllt. Ich habe wenige echte Freunde.*

Angesichts seiner Erwartung an mich und seines Wunsches verdoppelten sich meine Tränen. Wie konnte der Herr nur irgendetwas erwarten von einer totalen *Loserin* wie mir? Ich liebte ihn, aber so schlecht! Gnaden und Sünden wechselten sich ab: *Sex, »Gott« und Rock 'n' Roll.* Es war völlig unmöglich, die Spreu meiner Verletzungen loszuwerden! Obwohl ich dagegen ankämpfte, unterlag ich. Immer wieder. Das Schlimmste war, dass ich an ihn dachte, selbst wenn ich versagte, und das brach mir das Herz! Dann war ich wütend auf mich, manchmal bis zu dem

Punkt, dass ich mich nicht mehr ertragen konnte. Wie oft ich mich auf mein Motorrad – ein 600 ccm Rennmotorrad – gestürzt und an meinem offenen Grab vorbeigefahren bin, das weiß nur noch mein Führerschein, nicht wegen der Strafpunkte, sondern wegen seiner Löcher. *Du sagst, du liebst den Herrn, schau doch, wie oft du ihn in den Schmutz ziehst wegen deiner Sünden! Das soll Liebe sein?!* Zwar wiederholte ich den Satz des heiligen Paulus: *Denn ich tue nicht das Gute, das ich will, sondern das Böse, das ich nicht will,* doch es änderte sich nichts. Je mehr ich mich für völlig wertlos hielt, desto tiefer geriet ich in die Sünde hinein wie eine Frau, die sich auf die Waage stellt und merkt, dass sie zugenommen hat, und sich dann tröstet, indem sie den Kühlschrank leert!

»Herr, du kannst tatsächlich nicht viele Freunde haben, wenn du dich auf jemand so Erbärmliches wie mich »stützen« musst. Ich spürte, dass mein Urteil, das ich über mich fällte, Gott nicht gefiel. Er allein ist der Richter, er wählt aus, nicht wir. Seine Wege sind nicht die unseren. Selbstverachtung ist ein »gefundenes Fressen« für den Widersacher, den Vater der Lüge und der Manipulation. Er hört nicht auf, uns kaputt zu machen, und stärkt sich an unserer Entmutigung. Wie die Mutter Oberin im Film *La Mante Religieuse* zu Isebel sagt: »Die Verzweiflung ist der schlimmste Feind des Menschen und der beste Verbündete des Bösen.« Das ist so wahr! Wir sollten nicht vergessen, dass der Teufel ein Ankläger ist. Wir sollten dafür beten, dass wir uns so sehen, wie wir sind, nicht beeinflusst durch unsere verdrehten Vorstellungen, sondern durch den Blick Gottes, im Licht des Heiligen Geistes. Und das ändert alles. Genauso wie es das »gute Cholesterin« und das »schlechte Cholesterin« gibt, gibt es auch ein »gutes« Schuldgefühl und ein »schlechtes«. Nur der Blick unseres barmherzigen Herrn bewahrt uns vor dem gefährlichen Schuldgefühl, das Selbstverachtung und den Absturz bewirken kann. Sich selbst abzulehnen, kann zum Schlimmsten führen, zum Selbstmord. Das Böse ist wie ein endloses Räderwerk, eine Art höllische Spirale, ein Fass ohne Boden. *Je öfter ich falle, desto öfter schaue ich zu, wie ich falle … Und je mehr ich mich ablehne, desto mehr will ich, dass ich »dafür bezahle«.* Prinzipiell ist es notwendig, seine Sünden zu erkennen, aber mit Gott und durch Gott. Selbstverständlich geht es nicht darum, ihn und seine Barmherzigkeit auszunutzen. Gott ist Liebe, Gott ist Vergebung, aber gerettet werden diejenigen, die sich nach ihm sehnen und sich Mühe geben. Die Liebe macht frei. Die Liebe zwingt nicht. Was würden Sie sagen, wenn ein Mann unter dem Vorwand, dass er seine Frau liebe, sie in seinem Keller doppelt anketten und sie zwingen würde, ihm zu gehören! Das ist alles andere als Liebe, oder?

Die Begegnung mit dem Heiligsten Herzen Jesu hat mich mit mir selbst versöhnt. Es hat mich dahin geführt, mich »zu ertragen« und meine Ärmlichkeit und meine Grenzen zu akzeptieren. Nicht um sie zu rechtfertigen, sondern um sie mit ihm und durch ihn zu bekämpfen. Für Gott ist nichts unmöglich. Zuvor habe ich es selbst versucht und es war mir nicht einmal möglich gewesen, auch nur eine Stecknadel aufzuheben. Jetzt, mit ihm und durch ihn, versetze ich Berge! Mein Leben wurde verwandelt, seit ich mich seiner Barmherzigkeit übergeben habe wie ein Bündel schmutziger Wäsche. Endlich bin ich zur »Geliebten« in seinen Armen geworden, wovon ich immer geträumt habe!

In diesem großartigen Zustand des verliebten Emporgehobenseins kam ich aus der Messe. Ein weiteres Mal war ich gerade noch davor bewahrt worden, mich innerlich zu verschließen. Meine asiatische Freundin, die ganz anders dachte, wartete an der Kirchentür auf mich. Als sie mich sah, wurde ihr fröhliches Gesicht ganz blass.

»Was ist los? Habe ich Pickel auf der Nase?!«

»Schau dich an«, sagte sie bewegt, »du strahlst wie ein helles Licht. Was ist da drinnen geschehen?«

»Nichts«, antwortete ich automatisch.

»Du leuchtest und deine Augen strahlen! Habt ihr in der Messe Gras geraucht, oder was?«, fragte sie und dachte, sie könnte ihre Emotionen hinter dieser humorvollen Ausflucht verbergen.

Bei einem guten savoyischen Wein erzählte ich ihr alles. Zum ersten Mal machte sie sich nicht über mich lustig.

Erst nachdem ich beinahe gestorben wäre und dem Heiligsten Herzen Jesu begegnet war, erinnerte ich mich an diese Geschichte. Sie kam mir plötzlich in den Sinn, wie wenn sich ein Schleier hebt, wie wenn ein Stück Stoff zerreißt … Es ist verrückt, wie man manchmal Dinge erst im Nachhinein erkennt. Trotz aller Zeichen, die Gott uns gibt, trotz der Botschaften, die er uns schickt, bleibt man »dieser Blinde am Wegrand«.

Nach Sacré-Cœur

Die Tage, Wochen und Monate nach dem Unfall reihten sich in atemberaubendem Tempo aneinander. Im Tempo des Glücks, das immer die Zeit zu beschleunigen scheint, wenn man davon erfüllt ist. Ich war eine verliebte Frau, die endlich ihrer großen Liebe begegnet ist. Meine Tage verbrachte ich auf den Knien, im Gebet vor einem Herz-Jesu-Bild. Ich bin darauf gestoßen, als ich in die Kapelle Unserer Lieben Frau von der Wundertätigen Medaille in der Rue du Bac in Paris ging, um Jesus und Maria dafür zu danken, dass sie mich beschützt hatten. Dieses typisch südländische Bild mit seinen lebhaften Farben sprach mein ganzes Wesen an. Der sanfte Blick des Herrn verriet die ganze Milde und Zärtlichkeit seiner Liebe und seiner Barmherzigkeit.

Dann richtete ich mir einen kleinen »geistlichen Winkel« ein, in dem dieses Bild wie ein Oberhaupt hervorsticht, und er enthält auch eine Darstellung von Maria, die ihr unbeflecktes Herz darbietet. Ich hatte dieses Bild von der Jungfrau Maria schon lange, aber ich hatte nicht besonders darauf geachtet, was es darstellte. Neben Christus bekam es jetzt seine ganze Bedeutung: Die Heiligsten Herzen Jesu und Mariä ergänzen einander so sehr, dass sie zu einem einzigen werden. Ein einziges und einzigartiges Herz, das zur Ehre Gottes schlägt.

Durch die posttraumatischen Schmerzen – es war ein Martyrium – war ich ans Haus gefesselt, und die Tage vergingen im Rhythmus von Gebet und Lektüre. Diese »Zwangsexerzitien« dauerten ein ganzes Jahr lang. Es war das schönste Jahr meines Lebens, in dem ich mich in die Arme meines Vielgeliebten schmiegte.

Während einer Gebetszeit, in der ich das stille Gebet verrichtete, gab mir der Herr diese Erklärung: *Mein Kind, ich habe dir diese Talente gegeben, damit du Filme zu meiner Ehre drehst!*

Was sollte das bedeuten? Außerdem erschienen mir diese Worte des Allerhöchsten wie ein Blitz aus heiterem Himmel, denn zurzeit gab es in meinem Leben nur noch Platz für ihn …

Ich hatte mich dermaßen mit seiner Person vereinigt, dass alles Übrige kaum noch wichtig war. Mein ganzes Leben hätte ich so verbringen können, der Süße seiner Zärtlichkeit überlassen, die mich in jemanden verwandelte, der vor lauter Liebe völlig sorglos war.

Das Echo seines Satzes erreichte mein armes Wesen immer wieder, das so klein war und so viel aufnehmen sollte, und schließlich verschwand er. Aber ohne dass es mir bewusst war, wie und warum, fand ich mich eines Tages an meinem Schreibtisch mit einem Stift in der Hand und bereit, sehr viele Papierseiten zu füllen.

Wegen meiner Nackenschmerzen, die von der Heftigkeit des Aufpralls stammten, trug ich eine Halskrause und eine Schlinge um den Arm, was mir die Schreibaufgabe kein bisschen erleichterte. Aber ich wurde in diesem Zustand in die unglaubliche Geschichte von *La Mante Religieuse* katapultiert! Mehr Zuschauende als Handelnde entdeckte ich direkt, wie die Figuren unter meiner abenteuerlustigen Feder lebendig wurden. Damals begann auf dem Papier ein wilder Kampf zwischen den Protagonisten und mir, der Autorin, die entschlossen war, diesen aus Tinte bestehenden Eindringlingen nicht die Führung zu überlassen. Nach zwölf Tagen, am Ende eines erbitterten Kampfes, war das Drehbuch des Films fertig. Die erste Version war zweihundert Seiten lang! Alles war da, die Geschichte, die Dialoge und die Bildfolgen. Eine solche Erfahrung machte ich in meiner noch jungen Karriere zum ersten Mal. Bevor ein Autor zu schreiben beginnt, egal ob er Drehbuchautor ist oder Romancier, weiß er normalerweise genau, welches Thema er behandeln will. Er kennt sich darin nicht nur aus, sondern er vertieft es und geht sogar so weit, Recherchen vorzunehmen, und sei es auch nur, weil er authentisch oder wenigstens glaubwürdig schreiben will. Die Zusammenfassung, die Zusammenschau, die Entwicklung der Figuren, das alles ist schon zu Beginn sorgsam organisiert. Mit dem Drehbuch für *La Mante Religieuse* erlebte ich das genaue Gegenteil. Ich war wie in einer eigenartigen Blase versunken, völlig in ihr untergetaucht, und hatte nicht einmal genügend Abstand, um bewusst wahrzunehmen, was ich schrieb. Am Ende dieser atypisch »geschlossenen Gesellschaft« mit »Madame Schreibfeder und ihren Ablegern« las ich nochmals, was ich geschrieben hatte, und brach in Tränen aus. Ich hatte soeben die Geschichte einer modernen Maria Magdalena geschrieben. Für mich als die In-Christus-Verliebte, zu der ich geworden war, war das ziemlich abgefahren! Meine beiden Leidenschaften, Gott und das Kino, hatten sich endlich gefunden, um einen Film entstehen zu lassen, der von der unendlich großen Liebe Gottes und von seiner Barmherzigkeit für all seine Kinder handelt – einschließlich einer armen, völlig rat- und hilflosen »Maria-Magdalena-Isabel«, die aus Verzweiflung und Mangel an Liebe ihr Herz verhärtet hat. Als ich das Drehbuch beendete, war die Kraft, die mich zum Schreiben getrieben hatte, noch immer so stark, dass ich mich in der Folge auf das Schreiben eines Romans stürzte. Ich war erfüllt von einer riesigen Sehnsucht, die niemand stillen konnte. Als das Manuskript geschrieben war, legte ich es in eine Schublade. Gott wollte keinen Roman von mir, sondern einen Film. Nachdem ich dem Skript den letzten Schliff gegeben hatte, gab ich es dem Produzenten zu lesen, mit dem ich zusammenarbeitete. Es war derjenige, der meinen anderen Film vor dem Unfall produzieren sollte. Als guter Atheist mit Selbstachtung sagte er zu mir:

»Der erste Teil, als das Mädchen sich ziemlich wild aufführt, ist sehr gut, aber man müsste noch ›dicker auftragen‹. Natürlich, ganz klar, muss sie mit dem Pfarrer schlafen. Aber danach, dein katholisches Ding mit den Gefühlsduseleien, also wirklich, das geht nicht.«

Seltsamerweise bekam ich einen trockenen Mund und konnte kaum schlucken …

»Du machst, was ich dir sage, und ich produziere deinen Film«, schloss er selbstsicher.

»Adieu, ihr Kälber, Kühe, Schweine, Hühnernester!« Wenn diesem alten Routinier, der an mich glaubte, gefiel, was ich geschrieben hatte, und er so etwas sagte, dann verhieß dies nichts Gutes. Es würde auf eine pauschale Ablehnung hinauslaufen. Dieser Fachmann brachte allein zum Ausdruck, wie man in der gesamten Filmszene dachte. Ich sah schon, wie wir, mein Film *La Mante Religieuse* und ich, aus den Studios, den Fernsehsendern und der CNC-Steuerung wie zwei Bettlerinnen hinausgeworfen wurden: *Cosette und Causette*[3]*: … Dieses Gerede über den Glauben wollen wir*

---

[3] *Cosette* ist eine Figur aus dem Roman »Die Elenden« von Victor Hugo (Anm. d. V.).

hier auf der Bühne nicht hören! Das ist religiöse Proselytenmacherei! Aber merkwürdig ist es doch, dass man in einem Zeitalter, in dem das Schlüsselwort »Freiheit« lautet – Redefreiheit, sexuelle Freiheit, Freiheit von der Freiheit –, so viele Hürden vorfindet, wenn man vom Einheitsdenken abweicht. Auf jeden Fall kam es für mich nicht mehr infrage, den Film zu ändern. *Cosette Mante* war jetzt dran. Und nun musste ich wieder bei null anfangen. Aber wie sollte ich vorgehen? »Herr, schließlich ist das deine Sache! Du hast mich dieses Drehbuch schreiben lassen, du hast mich das Szenario für diesen Film zu Papier bringen lassen, du hast in mir die Begeisterung für diesen Film entstehen lassen, also übergebe ich ihn dir. Mach damit, was dir gefällt.«

Einige Monate später, als ich gerade betete und meine Gedanken weit oberhalb der Kinowelt schwebten, redete der Herr mich an – unter uns: Es war eine Atmosphäre wie bei *Don Camillo …*

Meine Tochter, du wirst diesen Film mit der Unterstützung meiner Kirche … und christlicher Unternehmer drehen!

»Ups, was ist das schon wieder, Herr? Was is'n das: Christliche Unternehmer?«

Davon hatte ich noch nie gehört. Ich bin alles, nur nicht mondän, ich lebe auf dem Land, und meine Extravaganzen beschränken sich auf die Verhaltenskodizes von Madame Natur, von Hunden, Hirschkühen und Hasen. Der Herr ist wirklich gut für Überraschungen und er offenbart sich gerade dort, wo man ihn am wenigsten erwartet. Es wäre sehr viel logischer gewesen, wenn er »jemanden aus diesem Milieu« gewählt hätte, eine gut vernetzte Person oder eine nette Ehefrau mit den notwendigen Beziehungen. Aber nein, gerade ich musste diese Aufgabe erfüllen wie ein kleiner König David, jedoch mit Rock und ohne irgendwelche Verbindungen. Eine Randfigur Gottes. Tatsächlich bringt unser Herr seine Herrlichkeit immer inmitten unserer Armseligkeit zum Ausdruck.

Der Rest ergab sich sehr schnell. Einige Tage später fiel mir »zufällig« ein Buch in die Hand, das nach der Bibel meine Lieblingslektüre wurde, »der Eckpfeiler«, der mein ganzes Leben verändern sollte: *Das katholische Netzwerk* von Marc Baudriller. Dieses Buch servierte mir eine Liste der einflussreichsten katholischen Unternehmer auf dem Präsentierteller. Da waren die bekanntesten Namen zu finden. Leider waren ihre Handynummern nicht aufgeführt, jedoch war das schon ein guter Anfang. Dieses Buch in Form von Interviews zeichnete sich dadurch aus, dass es Zeugnisse von Unternehmern mit einem großen Herzen und einer großen Brieftasche enthielt, die ihr Geld für einen guten Zweck einsetzen wollten.

Das Zeugnis eines jungen Computerfreaks und Autors sprach mich besonders an, nicht wegen seines Bankkontos, sondern wegen seines gläubigen Herzens. Jean-Baptiste Maillard ist sein »Codename«. In den Dreißigern, mit eindringlichen Augen, die einen schon beim ersten Blick abtasten, mit einem verchromten Roller, das Ganze gekrönt von einem Filzhut, nach dem alle Revolverhelden auf diesem Planeten gelechzt hätten! *JB* war wirklich ein ungewöhnlicher Mensch, eine Art Mischung aus *James Bond* und *Professor Tournesol*[4]. Um es auf einen Punkt zu bringen, kann man sagen, dass auch er Christus so sehr liebt wie ich. Ich schrieb ihm auf Facebook:

---

4 Professor Tryphon Tournesol (dt. Professor Balduin Bienlein) ist eine fiktive Figur in einer Comicserie des belgischen Karikaturisten Hergé (Anm. d. V.).

»Lieber Monsieur, herzlichen Glückwunsch zu Ihrem Glaubenszeugnis! Beten Sie für mich. Ich bin eine junge Filmemacherin und würde gerne einen Film über eine moderne Maria Magdalena drehen.«

Das war am Montag in der Karwoche. Am nächsten Tag gingen wir zusammen essen. Und da fing alles an! Nach seiner Liebe zu Gott war das Kino die große Leidenschaft von Jean-Baptiste. Er war der gleichen Überzeugung wie ich, dass es nichts Wirksameres gäbe als einen abgedunkelten Kinosaal, um das göttliche Licht aufscheinen zu lassen. Die Kraft der Bilder. Nach kurzer Zeit erzählte er mir von einem seiner Freunde, der sich für Kunst interessierte und der ein Adressbuch mit mehr als sensiblen Adressen besaß: S. E. Msgr. Rey, Bischof von Toulon.

Achtundvierzig Stunden später, am Gründonnerstag, als ich aus dem Haus ging und den Arm voller Blumen hatte, die ich am Altar niederlegen wollte, klingelt mein Handy. Die Nummer ist unterdrückt. Ich zögere, schließlich hebe ich ab.

»Guten Tag, ich möchte mit Natalie Saracco sprechen«, sagt ein Mann mit einer tiefen Stimme.

War es wegen seiner tiefen Stimme und seinem ernsten Tonfall, auf jeden Fall haben mich seine Worte in einen Zustand voll kindlicher Schuldgefühle versetzt. Ich fühlte mich gerade einmal sechs Jahre alt und machte mich darauf gefasst, von dieser »schullehrerhaften« Stimme ausgeschimpft zu werden.

»Ja«, stammle ich beunruhigt.

»Bischof Rey!«, sagte die furchterregende Stimme. »Also, Sie wollen einen Film über eine moderne Maria Magdalena drehen?«

»Ja«, murmelt die kleine Natalie.

»Das finde ich sehr gut!«

»Ich auch«, wage ich zu antworten.

»Was machen Sie an Ostern?«

Die kleine Natalie antwortet naiv:

»Äh, ich gehe zur Messe.«

»Ich auch«, antwortet Bischof Rey amüsiert. »Wir könnten vielleicht zusammen gehen? Ich lade Sie ein, das Osterwochenende bei mir in Toulon zu verbringen!«

»Hm … hm … ja, ja …«, murmelt die Kleine, »das ist eine gute Idee! Aber ich muss noch meine Eltern fragen. Wir haben geplant, das Osterfest zusammen zu verbringen. Sie sind allein und alt und ich möchte sie nicht im letzten Moment sitzen lassen und ihnen Kummer bereiten.«

»Sehr gut! Halten Sie mich auf dem Laufenden«, sagt er, bevor er auflegt.

Am nächsten Tag, Karfreitag, der Kreuzweg ist gerade beendet – das Gleiche nochmals – und mein Handy klingelt, die Nummer ist wieder unterdrückt.

»Hier spricht Bischof Rey, kommen Sie?«

»Ja, ehrwürdiger Vater, Entschuldigung, Exzellenz.«

Verwirrend: Bischof Rey

Nach einer schlaflosen Nacht am Steuer meines Autos kam ich endlich in Toulon an. Ich hatte noch zwei Stunden Zeit, bevor ich Bischof Rey treffen sollte. Also stürzte ich mich in das erste miese Hotel, um zu duschen und etwas auszuruhen. Kaum hatte ich mich hingelegt, ruft mich mein »verdeckter« Gesprächspartner an:

»Was machen Sie denn? Man erwartet Sie!«

Wer war nun dieser unvorhergesehene »man«? Es war die Rede gewesen von einem Mittagessen und einem Gespräch unter vier Augen mit dem Bischof, und nun spielte ein »man« den Spielverderber! Vielleicht ein befreundeter Priester, dachte ich. Es wird schon gehen, ich werde mein Lampenfieber schon in den Griff bekommen. Von wegen! Als ich am Bischofssitz ankam, fand ich dort etwa zwanzig Personen vor, die an einem Tisch saßen und begierig auf meinen Ankunft gewartet hatten! Es waren ganz unterschiedliche Leute, vom ehemaligen obdachlosen Drogenabhängigen über eine Truppe brasilianischer Tänzerinnen bis zu einem jungen piekfeinen Paar, das der Bischof auf die Hochzeit vorbereitete. Bischof Rey kam lächelnd auf mich zu, stellte mir ziemlich rasch die Leute vor, und dann sagte er auf die natürlichste Weise:

»Lege dein Zeugnis ab.«

»Wie bitte? Zeugnis ablegen?«, räusperte ich mich. »Aber worüber?«

»Über deinen Unfall und deine Begegnung mit dem Heiligsten Herzen Jesu.

JB, der Mann mit dem verchromten Roller, hatte das Geheimnis schon ausgeplaudert.

»Aber ehrwürdiger Herr Pfarrer, Entschuldigung, Exzellenz, ich habe noch nie Zeugnis darüber gegeben. Ich habe meine Geschichte nur einer Handvoll vertrauter Menschen erzählt, das ist alles.«

»Lass uns dein Zeugnis hören!«, sagte er von seinen zwei Metern Höhe herab.

Da war sie wieder: Die imposante Stimme des »Schullehrers« hatte »die kleine Natalie« wiedergefunden. »Mein Gott, in welche Falle hast du mich da gelockt. Wie peinlich! Diese Geschichte ist dermaßen persönlich, dermaßen intim. Sie werden mich alle für eine Verrückte halten, die man einsperren sollte! ›Willkommen, ihr illustren Unbekannten! Ich heiße Natalie und habe das Herz Jesu gesehen und es hat zu mir gesprochen. Aber abgesehen davon bin ich vollkommen normal.‹«

Aber dann stürzte ich mich doch hinein. Je mehr ich erzählte, desto mehr hatte ich den Eindruck, dass ich das Opfer eines Strip-Pokers sei: Jedes Wort, das aus meinem Mund kam, demontierte ein Stück meines Panzers, um mich schließlich schonungslos zu entblößen. Irgendwann hörte Bischof Rey zu essen auf, als ob meine Worte ihm – verrückterweise – auf einmal den Appetit verdorben hätten. Er und seine Zwei-Meter-zehn erhoben sich energisch und gingen das Zimmer auf und ab. Mit den Armen auf dem Rücken verschränkt hatte sich der Schullehrer in einen General verwandelt. Jetzt würde ich also von ihm zu den Waffen gerufen werden … »Herr, was habe ich nur gesagt, um eine solche Strafe zu verdienen?!«

Gestärkt durch die eigentümliche Kraft einer Verurteilten, die nichts mehr zu verlieren hat, fuhr ich fort. Nach etwa zehn Minuten und einem langen Fußmarsch blieb der »Riese vom Militär« stehen und griff zu seinem Handy.

»Hallo Vincent? Hier ist Dominique. Es ist unbedingt notwendig, dass du so schnell wie möglich eine junge Frau triffst, die Hilfe braucht.«

Entgegen all meinen Erwartungen war dieser Vincent kein Psychiater, sondern der Chef eines Unternehmens! Er gehörte zu den Top Ten der christlichen Unternehmer, die in meinem Buch standen.

So fand ich mich einige Zeit später in dem Büro, was sage ich, in dem Gebäudekomplex eines der einflussreichsten Unternehmer wieder. Es ist schon merkwürdig, wie durch eine Tat eines Einzelnen unser Leben auf den Kopf gestellt werden kann. Ich sehe mich noch, wie ich bei diesem guten alten Bischof gelandet bin, etwas übermüdet und mit zerzauster Haarmähne, wie aus dem Film *Am Anfang war das Feuer* entsprungen, um mit ihm über einen Film einer modernen Maria Magdalena zu reden. Das ist einfach verrückt. Aber am überraschendsten war, dass die »echte Maria Magdalena« zwei Tage später mit dem Schiff ankam. Toulon sollte die Reliquien der größten Heiligen aller Zeiten empfangen! Jesus selbst wollte, dass man überall dort von ihr sprach, wo sein Evangelium verkündet wurde: Maria Magdalena, bei der die Vergebung Gottes, die stärker als die Sünde ist, sich in aller Herrlichkeit offenbarte. Sie, die als Erste unter den Aposteln dem auferstandenen Christus begegnet ist und durch die seine Barmherzigkeit erstrahlte, denn »sie hat viel geliebt«.

Kein Stadtplan, kein GPS, eine ganze Stadt ist zu durchqueren, aber egal, Luciole, genannt »Lulu«, mein Superschutzengel, ist an meiner Seite. Ich habe keine Angst, bin ganz ruhig, sogar amüsiert. Wieder einmal stelle ich fest, dass der Herr eine Vorliebe für seine verlorenen Schafe »im Westen« zu haben scheint. Das passt gut, denn ich muss in den Westen von Paris fahren. Ich komme ganz pünktlich an. Vincent, Bischof Reys Freund, empfängt mich mit einem Lächeln. Er ist ein einfacher und zuvorkommender Mann und entspricht nicht unserem oft vorgefassten Bild eines großen Unternehmers. Im Gegenteil, dieser Vincent strahlt eine gewisse Demut aus. Kaum war ich in seinem Büro angekommen, stellte er mich vor vollendete Tatsachen:

»Sie dürfen nicht mit mir rechnen! Bischof Rey hat mir zwei Sätze über Ihren Finanzierungsplan mitgeteilt. Ich bin lieber offen zu Ihnen: Das wird ohne mich erfolgen müssen! Als Unternehmer erhalte ich mehr als genug Gesuche! Ich kann nicht einmal meine eigenen Verpflichtungen einlösen und da ist nicht daran zu denken, mich in ein neues Abenteuer zu stürzen, das kommt nicht infrage!«

Das war das erste Treffen, die Vorpremiere, jedoch ohne jegliche Ouvertüre. *Ich verstehe, Herr, du hast mich hierhergeschickt, damit ich über dein Heiligstes Herz reden soll.* Nachdem ich meinen Härtetest vor Bischof Rey und seiner Truppe bestanden hatte, war ich gerüstet, um vor der ganzen Erde Zeugnis zu geben! Ich betete zum Heiligen Geist und war dabei, mit geschlossenen Augen und offenem Herzen wieder zu gehen. In dem Moment, als ich mich verabschieden wollte, fragte mich Vincent, ob ich ihm nicht ein Drehbuch überlassen könnte. Mechanisch übergab ich ihm ein Exemplar und ging, ohne irgendetwas zu erwarten.

Einige Wochen später ruft mich Vincent an und gibt mir einen Termin für ein Treffen bei *Fouquet's*[5] durch. Welch

---

[5] *Fouquet's* ist ein berühmtes Restaurant auf den Champs-Élysées in Paris (Anm. d. V.).

eine Pointe, mein Epos im *Fouquet's,* ich muss immer noch lachen! Ich hatte extra einen schicken Mantel angezogen, nur dass er mit den Haaren meiner Hunde bedeckt war, sodass er sich zu diesem Anlass in einen Pelzmantel verwandelt hat! Klasse! Und meine eleganten Stiefel aus italienischem Leder waren voller Schlamm! In dem Moment, als ich auf dem Land losfahren wollte, hat der Witzbold von Himmel mich mit einem herrlichen Platzregen umgeben. Dank eines zauberhaften Filters, der sicher vom Heiligen Geist kam, hat der vornehme Vincent nur »das Feuer in mir« gesehen!

»Natalie, ich habe Ihr Drehbuch gelesen. Ich bin begeistert! Von der ersten Seite an hält es den Zuschauer in Atem und das bis zum Ende. Der Film ist ein Volltreffer, der die Menschen anspricht.«

Der Goldjunge streckt mir die Hand hin und hat ein breites Lächeln auf den Lippen.

»Bankdaten! Ich unterstütze Sie.«

Von einem Tag auf den anderen befand ich mich in der göttlichen Spirale der christlichen Unternehmer. Aber die Wette war noch lange nicht gewonnen. Jedes Mal, wenn eine Mauer bröckelte, stand noch eine andere dahinter.

Die Finesse des Heiligsten Herzens Jesu

Mit einem gewissen Lächeln erinnere ich mich daran, wie Jesus abgewartet hat. Seit Monaten war ich pausenlos unterwegs auf der Suche nach der Finanzierung und den Köpfen der Netzwerke. Es war ein Montagabend, ich war völlig erschöpft. Morgen war dran: Ausruhen! Ich musste dann nicht wieder Hunderte Kilometer wegen eines hypothetischen Treffens fahren, das manchmal im letzten Augenblick abgesagt wurde oder aber sich durch einen Scheck auszahlte. Ich höre mich noch sagen: *Morgen habe ich nichts vereinbart, endlich kann ich mich ausruhen.* Ungeduldig sah ich dieser durch eine glückliche Fügung entstandenen Pause entgegen. Gerade als ich das zu mir gesagt hatte, klingelte mein Telefon. Es ist *JB Bond-Tournesol.*

»Natalie, du musst morgen Vormittag unbedingt nach Paray-le-Monial kommen. Ich möchte dich jemandem vorstellen, der ein Supernetzwerk hat und der Leute mit dicken Brieftaschen kennt! Es ist mir gelungen, ein Essen mit dir zu organisieren«, setzte er stolz hinzu.

»*Sorry,* ich bin völlig fertig, ich habe keine Kraft mehr! Da diese Person in Paris wohnt, kannst du doch ein Treffen hier in Paris organisieren. Jetzt mal ehrlich, was soll ich denn in Paray-le-Monial machen?«

JB bestand in einer Weise darauf, wie nur er, Gott und ich es tun können. Ich hatte keine andere Wahl und musste kapitulieren. Da stehe ich also am nächsten Tag im Morgengrauen – Grauen mit Betonung – am Bahnhof von Lyon, um einen Zug in Richtung Le Creusot zu nehmen. Als ich dort ankomme, entdecke ich einen *JB*, der begeisterter und fitter ist denn je. *Eine Stunde mit ihm im Auto, das kann ja lustig werden.*

Nachdem ich die leidenschaftlichen und engagierten Äußerungen meines Komplizen habe über mich ergehen lassen – ich sehnte mich nur nach meinem Bett –, kamen wir endlich in Paray-le-Monial an. Dort fand eine Versammlung der Gemeinschaft Emmanuel statt. Es war sehr kalt, ich war müde, fast fiebrig. *Herr, du hast mich hierherkommen lassen, damit ich den Jackpot knacke, das ist sicher, sonst hättest du es mir bestimmt erlaubt, mich in aller Ruhe, meine Pantoffeln neben mir, am Kamin auszuruhen.* Aber ich wusste damals noch nicht, dass es im göttlichen Vokabular des menschgewordenen Wortes die Bezeichnung »Pantoffeln« nicht gibt.

Das Essen fand um 12 Uhr statt. Um 12.20 Uhr war ich bereits entlassen. Wie man so sagt: »Es hat nicht gefunkt.« So wurde ich also in diese graue Stadt mit einem dunklen Himmel entlassen, ohne den kleinsten Platz zu haben, wo ich mich hätte ausruhen können. Ich flüchtete mich in das erstbeste Café – genau gegenüber der Kapelle der Heimsuchung, in der Marguerite-Marie die Erscheinungen hatte. Ich war durchgefroren und erschöpft. Der Gedanke, einen Grog zu bestellen, damit mir wieder warm würde, ging mir durch den Kopf. Ich musste bis 18.30 Uhr durchhalten, dem Zeitpunkt meiner Rückfahrt mit dem Zug, die mich von diesem Albtraum hier befreien würde! Aber Lulu, mein Schutzengel, der meinen Hang zur Unmäßigkeit kannte, »bestellte für mich«.

»Eine Schokolade, bitte!«

Vor meinem Unfall kannte ich weder Marguerite-Marie noch Schwester Faustyna. Erst durch das Erzählen meiner Geschichte wurde ich auf diese beiden aufmerksam gemacht. Die Botschaften, die an beide Schwestern gerichtet waren, ähnelten merkwürdigerweise den meinen. Wiederholt hatte der Herr versucht, mich nach Paray-le-Monial zu bringen, aber jedes Mal hatte ich seine Einladung abgelehnt unter dem Vorwand, dass es wichtiger sei, mich auf die Suche nach einer Finanzierung zu begeben, als eine solche Pilgerreise zu machen. Es ist seltsam, wie man manchmal den Zeichen und Rufen Gottes gegenüber verschlossen sein oder sogar schlafen kann. Wie auch immer, mit Gott kämpft man nicht, er ist schlimmer als eine Frau! Wenn er etwas will, bekommt er es! *Herr, jetzt bin ich also in Paray … Sehr gut! Aber warum ausgerechnet heute, wo ich doch fix und fertig bin? Ich werde in die Kapelle gehen und ein, zwei Stunden beten, aber was soll ich danach tun?* Ich habe danach noch sechs Stunden, die ich irgendwie verbringen muss. *Mein Gott, bei dir geschieht jedoch nichts aus Zufall. Wenn du mich hierhergeführt hast, dann wird das wohl einen Grund haben.*

Einige Minuten später bin ich in der Kapelle. Dieser Ort, an dem eine besondere Atmosphäre herrscht, lädt zur Andacht ein. Das passt, denn ich bin gern still in der Kontemplation. Nachdem ich gebetet und das Fresko über dem Altar betrachtet habe, das mich sehr bewegt, falle ich auf die Knie. Ich fühle, wie die Wärme der Liebe Gottes mich mit Zärtlichkeit durchströmt. Das tut gut … Es ist eine Mischung aus Zartheit und zugleich Intensität. Im gleichen Augenblick kommt ein Bus mit Japanern an! Diese üblicherweise so diskreten Menschen übertrumpfen sich mit lauten Ausrufen. Plötzlich bin ich umzingelt von ihren Blitzlichtern, ihren iPads und ihren bunten Faltprospekten!

Dagegen kann man nicht ankämpfen. Ich beende mein Gebet und gehe in Richtung Ausgang mit dem Gedanken, etwas später zurückzukommen. Beim Verlassen der Kapelle fällt mein Blick auf eine Buchhandlung. *Perfekt, ich kann hier warten und in den Büchern stöbern, bis die japanische Invasion sich auflöst.* Die von Schwestern geführte Buchhandlung ist brechend voll, alles Besucher aus Deutschland. Nachdem es mir mit Ach und Krach gelungen ist, dem Angriff der »Aufgehenden Sonne« zu entkommen, bin ich nun den Deutschen ausgeliefert! Müde, kurz vor einem Anfall von Platzangst, beschließe ich, wieder zu gehen, als plötzlich eine Schwester mit wehendem Schleier mich einholt:

»Mademoiselle, Mademoiselle, ich habe etwas für Sie. Warten Sie zwei Minuten, ich hole es.«

Merkwürdig, diese Schwester. Wir sind uns wildfremd und sie will mir etwas geben. Die Schwester kommt eilig zurück und hat etwas Gedrucktes in der Hand.

»Hier, das ist für Sie«, sagt sie und reicht mir stolz das Papier. »Ich weiß nicht, warum, aber das ist für Sie. Das Herz Jesu wünscht, dass ich es Ihnen gebe.«

Ich werfe einen flüchtigen Blick darauf: *Ehrengarde des Herzens Jesu*[6]. Überrascht schaue ich die Schwester an, ohne dass ich wirklich etwas verstanden hätte.

»Sie haben Glück«, fügt sie hinzu, »die für die Ehrengarde verantwortliche Schwester ist heute hier. Gehen Sie an meiner Stelle zu ihr.«

Sie verschwindet und lässt mich allein mit diesem eigenartigen Papier in mittelalterlichem Stil. *Nun gut, hm, wenn ich schon einmal da bin, dann gehe ich hin, und genau genommen habe ich ja noch viel Zeit …* Ich klopfe an die Tür,

[6] Siehe www.gardedhonneurdusacrecoeur.org.

die sie mir gezeigt hat. Keine Antwort. Noch einmal. Schließlich öffnet eine Nonne. Sie wirkt erschöpft, offenbar störe ich sie.

Später erfuhr ich, warum sie in diesem Zustand war. Ganz einfach, weil sie unter großen Schmerzen litt und soeben erfahren hatte, dass diese Schmerzen von einer rheumatischen Polyarthritis verursacht wurden. Eine schreckliche Krankheit.

»Was wollen Sie?«, fragt sie mit schwacher Stimme, die viel über ihren Gesundheitszustand aussagte.

»Ah, hm … Ich weiß nicht genau. Eine Schwester hat mir diesen Flyer gegeben und mir gesagt, ich solle zu Ihnen gehen.«

Im gleichen Augenblick tauchen ihre Augen auf und öffnen sich bis zu den Augenlidern. Sie sind gleichsam »abgetaucht« gewesen.

Ein kleines Zimmer mit einem behelfsmäßigen Schreibtisch.

Die Schwester setzt sich mühsam, beobachtet mich wortlos und blickt mit strahlenden Augen in die meinen, bis ich mich ganz eingeschüchtert fühle. Ich reiße mich zusammen und murmle: »Was ist die Ehrengarde des Heiligsten Herzens Jesu?« Die alte Schwester springt auf! Anstelle ihrer Augen leuchten zwei Sterne. Sie zieht mich zu einem alten Pergament, das an der Wand hängt, und fängt an, mir die Geschichte der Ehrengarde zu erzählen. Und da löse ich, die Stolze, die Robuste, mich in Tränen auf. Dieser Orden hat seinen Ursprung im Mittelalter. Es ist ein Zusammenschluss von Betern, deren Berufung darin besteht, das Heiligste Herz Jesu zu trösten, indem sie täglich eine beliebige Stunde ihm weihen und sich dabei gedanklich vor den heiligen Tabernakel versetzen. Konkret bedeutet das, eine Stunde täglich in der Gegenwart Jesu zu verbringen in der Armseligkeit des eigenen Menschseins, während man seine Tätigkeit nicht verändert. Wenn die gewählte Stunde der Ehrengarde in die Zeit der Hausarbeit fällt, bittet man Jesus, beim Kehren mit dabei zu sein! Wenn die Stunde genau in die Zeit des Aperitifs und der Entspannung nach einem Arbeitstag fällt, dann soll man dem Herrn den Aperitif anbieten und ihn zum Essen einladen. Im Prinzip bedeutet dies, dass, wenn ich jetzt gern meinen Bruder kritisieren würde oder mir gegen jede Vernunft ein Glas zu viel gönnen möchte, ich darauf verzichte und es Gott aufopfere, indem ich zu ihm »Ich liebe dich« sage und ihn damit tröste. Ein Mitglied der Ehrengarde zu werden heißt, Jesus offiziell und bewusst einzuladen, mit seinen Händen den Schmutz unseres Lebens zu berühren. Es heißt, mit ihm den Glauben zu leben auf eine machbare, einfache und vollkommen auf die eigene Person bezogene Art und Weise. Glauben Sie mir, das ist einfach super! Einem Gläubigen kann dies verständlich erscheinen abgesehen davon, dass eine solche Annäherung alles verändert. Der Glaube wird konkret. Jede Stunde des ganzen Tages entspricht einer speziellen Intention. Zum Beispiel ist die Stunde, für die ich mich entschieden habe, der Herrlichkeit und dem Reich des Herzens Jesu gewidmet. Eine andere Stunde dient dazu, den Familien mit Problemen zu Hilfe zu kommen, eine andere ist für die Seelen im Fegefeuer, noch eine andere, um den Herrn wegen der Gotteslästerungen zu trösten usw. Zur Ehrengarde zu gehören, hat nichts mit einem Ehrentitel zu tun. Nicht weil man ein frommes Leben führt – oder vielmehr glaubt, es zu führen –, verdient man den Titel »Ehrengarde«. Ganz im Gegenteil, sonst wäre der Höchste nicht gekommen, um die ganz Niedrige aufzusuchen, die ich bin. Ehrengarde ist keine Entschädigung für gute und loyale Dienste, sondern eine Einladung, sich noch tiefer mit dem Heiligsten Herzen Jesu zu vereinen.

Auf das Risiko hin, mehr als nur die eine oder andere Person zu schockieren, denke ich, dass sogar eine Prostituierte Ehrengarde des Heiligsten Herzens Jesu werden könnte, wenn sie während ihrer Stunde verheiratete Männer zurückweist oder eine Pause macht. Wer sind wir, darüber zu urteilen? Bei Gott ist keine Tür jemals ganz zu: *Ich sage euch: Ebenso wird im Himmel mehr Freude herrschen über einen einzigen Sünder, der umkehrt, als über neunundneunzig Gerechte, die keine Umkehr nötig haben* (Lk 15,7).

Die Schwester und ich verbrachten einige innige Stunden Arm in Arm damit, über unseren Vielgeliebten zu sprechen, sodass ich beinahe meinen Zug verpasst hätte! Zwei freie, leichtfüßige Mädchen bei einem Ausflug in das süße Land der göttlichen Liebe … richtig cool!

»Meine Damen, ich will Ihnen sagen, dass der Herr das beste Botox[7] ist! Mit ihm altert man nicht, man behält sein Kinderherz.« Zweifelsohne wirken die Nonnen aus diesem Grund oft so jung. Mit zwanzig Jahren kann jeder schön sein, nachher wird es schwieriger! Im Alter ist das Gesicht das Abbild der Seele.

Wenn es eine Zeit gibt, in der das Heiligste Herz Jesu getröstet werden muss, dann ist es die unsere! Vielleicht blüht dieser seit Langem in Vergessenheit geratene Orden deshalb auf geheimnisvolle Weise wieder auf.

Wie gut ist es, Herr, wenn du die Führung übernimmst, wenn wir es wagen, uns lieben zu lassen, wie wir sind.

---

7 *Botox* wird zur vorübergehenden Faltenglättung eingesetzt (Anm. d. V.).

Ich erinnere mich noch an die Rückfahrt im Zug, das Gesicht an das Fenster gepresst, mit dem etwas einfältigen und zauberhaften Gesichtsausdruck einer verliebten Sechzehnjährigen! Jesus hat eine Finesse angewandt, um mich noch näher zu sich zu ziehen, um mir in der Domäne seines Heiligsten Herzens zu begegnen. Mit Honig lockt man die Fliegen und nicht mit Essig. Der einzige Köder, der mich derzeit in Bewegung setzen konnte, war die Finanzierung meines Films. Ich war der Meinung, in Paray-le-Monial Geldscheine zu finden. Das einzige Blatt, das ich jedoch gefunden habe, ist ein Liebesbrief, der von seiner Sehnsucht nach mir zeugt, weil er mich zu den Lieblingen seiner göttlichen Wohnstatt zählen will.

Danke, Herr, für diese wunderbare Finesse. Gern mehr davon.

Der unverzichtbare »kleine Graue«

Die drei von mir bevorzugten Werkzeuge, die ich einsetzte, waren das Gebet, das berühmte Buch und das Internet. Obwohl ich es ablehne, mich in der trügerischen virtuellen Welt des Internets zu isolieren, musste ich nun viele Stunden lang dort verbringen! An der Tastatur klebend fertigte ich eine Erhebung über die christlichen Unternehmer und »VIPs« an, die eines Inspektor Columbo würdig gewesen wäre. Immer wieder tauchte das Foto eines Mönchs auf. Jedes Mal, wenn eine christliche Persönlichkeit auf einem Foto abgebildet war, war das Foto des Mönchs nicht weit davon entfernt. Wie im Spiel »7 Fehler« genügte es, die Szene genau zu beobachten, um ihn zu entdecken, entweder leicht abgewandt an einem Tisch oder bei einem Handschlag. Und das aus gutem Grund, denn dieser Ordensmann war eine Art spiritueller Coach für die großen Unternehmer. Er war an allen Fronten präsent, von Davos bis zu den Salons des Hotels Raphaël in Paris. Nach tagelanger Recherche war dieser geheimnisvolle Mönch zum Mittelpunkt meiner Suche geworden. Durch ihn konnte ich an alle großen Brieftaschen der katholischen Unternehmer herankommen. Ich musste ihn unbedingt treffen! Aber wie? Weder der geringste Hinweis auf seine Adresse noch seine Telefonnummer waren zu finden. Bis die Vorsehung wieder einmal über den Umweg meines »Schullehrers mit der gebietenden Stimme«, Bischof Rey, intervenierte!

Einige Tage nach unserem Treffen habe ich nochmals eine Wallfahrt nach Toulon gemacht, um vor den Reliquien der heiligen Maria Magdalena zu beten, die die Stadt gerade zur Verehrung der Gläubigen beherbergte. Bischof Rey hatte mir vorgeschlagen, an einem einfachen Mittagessen unter Freunden teilzunehmen. Glücklich stieg ich in mein Auto und fuhr in Richtung Domaine de la Castille, wo das private Essen stattfand. Als ich dort ankam, fand ich keinen Parkplatz mehr! Es gab überhaupt keinen Platz mehr, nicht einmal mehr auf dem behelfsmäßigen Parkplatz. Ich musste mein Auto auf einem Feld stehen lassen! Dutzende Tische waren gedeckt. Die Leute kamen gruppenweise aus allen Richtungen herbeigeströmt. Darunter waren viele jungen Leute, vor allem Seminaristen.

Wiederholt kam der Bischof vorbei, um mich Gästen, die bereits an den Tischen saßen, vorzustellen. Die erste Person war eine junge Frau. Unser »Vermittler« begnügte sich damit, uns bekannt zu machen, und er sagte, bevor er wieder verschwand: »Ich weiß nicht, warum, aber Sie müssen miteinander sprechen! Es gibt Dinge, über die Sie sich austauschen sollten …« Dann ging er weg und ließ uns in einer unbehaglichen Situation zurück, weil wir keine Ahnung hatten, was wir bereden sollten. *Es gibt Dinge, über die Sie sich austauschen sollten.*

Er hatte uns nicht in Kontakt gebracht, damit wir uns über den Regen, das schöne Wetter und den Wein »Chant de la Garrigue« unterhielten. Allmählich kamen wir in unserer Unterhaltung bei den Themen »Glauben« und »Kino« an. Und da, bingo, erfahre ich, dass diese Frau meinem geheimnisvollen Mönch bei seiner neuesten Mission half: den Geist des Christentums über die Kunst zu verbreiten! Besser hätte es sich nicht fügen können. Bruder Samuel – so ist sein Vorname – ist auch Priester und gehört zur Gemeinschaft vom Heiligen Johannes, zu den »kleinen Grauen«, wie man sie auch nennt. Ich freute mich riesig und bat meine Gesprächspartnerin, ein Treffen zu organisieren.

»Ein Treffen mit Bruder Samuel? Sie Ärmste, daran dürfen Sie noch nicht einmal denken! Er ist stärker beschäftigt als ein Minister. Auch wenn sein neuer Standort Avignon ist, hält er ständig Vorträge und Missionseinsätze auf der ganzen Welt!« Diese liebe Dame wusste nicht, mit wem sie es zu tun hatte. *Unmöglich ist nicht Französisch* und noch weniger Saracco-Art. Nachdem ich sie kaum wahrnehmbar unter Druck gesetzt hatte, konnte ich ihr schlussendlich die offenbar streng vertrauliche Mailadresse des Bruders entlocken. Meine Arbeit war erledigt, der Bischof tauchte wieder auf.

»Komm, folge mir!«, sagte er energisch. Sein Ziel war ein etwas abgelegener Tisch, an dem weiß gekleidete Schwestern mit einem gestickten roten Herzen auf der Brust saßen. Wie ein Kuscheltier zog er mich direkt auf sein Ziel zu. Die Nonnen, von einem jungen Mann begleitet, aßen gesammelt. Kein Laut, nicht das kleinste Wort entschlüpfte ihren Lippen. Ihre Mahlzeit war wie ein Gebet. Sie hatten ein Schweigegelübde abgelegt. Bischof Rey redete sie mit sanfter Autorität an.

»Liebe Schwestern, ich gebe Ihnen die Erlaubnis, das Schweigen zu brechen und sich mit Natalie auszutauschen. Sie muss Ihnen eine Geschichte erzählen, die Ihnen gefallen wird.« Dann drehte er sich mir zu und schleuderte mir sein Lieblingswort entgegen:

»Lege dein Zeugnis ab!«

Obwohl ich vollkommen ungelegen gekommen war, da ich sie bei ihrer Mahlzeit gestört hatte, wurde ich für sie nun ohne jede Überleitung zu jemandem, der von Christus erleuchtet wurde! Der Bischof verschwand ein weiteres Mal und ließ mich allein den Kopf dafür hinhalten – oder die Eselskappe aufsetzen –, über meine Begegnung mit dem Herrn zu berichten. Ich wusste jedoch nicht, dass ich es mit Schwestern zu tun hatte, deren Berufung es war, das leidende Herz Jesu zu trösten. Nach und nach verwandelte sich der stumme und etwas frostige Tisch in eine Festtafel! Während die Worte nur so heraussprudelten, tauschten wir die köstlichsten und seltensten Speisen aus, die direkt von der himmlischen Nahrung stammten. Und der junge Mann, der bei ihnen war, ließ sich nicht lange bitten, stürzte sich begierig auf die göttlichen Nahrungsmittel und fügte bald etwas Honig aus seinem Wissen und etwas vom Salz aus seinem Glauben hinzu. Man muss sagen, er war dafür gut vorbereitet: Dieser gut aussehende Braunhaarige mit seiner feinen Seele war Seminarist. *Der Herr hat einen ausgesprochen guten Geschmack!* Wir verließen die festliche Tafel am späten Nachmittag, überreich beschenkt und zugleich hungrig nach mehr. »Die Schwestern unserer Lieben Frau vom Trost« – so heißen sie – sind zu echten Freundinnen geworden.

Wir haben uns sofort gerngehabt. Wir haben uns wiedererkannt, obwohl wir uns vorher nicht begegnet waren. Die wahre Familie ist die des Herzens. Nicht ich sage dies, sondern Jesus: *Wer ist meine Mutter und wer sind meine Brüder? Und er streckte die Hand über seine Jünger aus und sagte: Siehe, meine Mutter und meine Brüder. Denn wer den Willen meines himmlischen Vaters tut, der ist für mich Bruder und Schwester und Mutter* (Mt 12,48–50). Wer hätte tatsächlich besser als Maria die Mutter Christi sein können?

Geheimnisvoller Mönch, Bruder Samuel

Der Rambo des lieben Gottes

Zurück in der Normandie stürze ich mich auf meinen treuen elektronischen Assistenten – der Computer und ich fangen an, uns allmählich zu mögen – und schicke eine Mail an den »Mönch VIP«. Die Zeit vergeht, keine Antwort. Ich bleibe hartnäckig, schließlich meldet er sich:

Danke für Ihre Mail, liebe Natalie. Entschuldigen Sie bitte, dass ich Ihnen nicht geantwortet habe, ich war im Ausland. Ich schlage Ihnen vor, dass wir in drei Monaten den Kontakt wieder aufnehmen. Zurzeit bin ich mehr als ausgebucht und komme nicht nach Paris.

Weder einen noch zwei und sicher nicht »drei« – Monate! Seit meinem Unfall habe ich das Gefühl, dass ich noch eine Gnadenfrist bekommen habe, und da darf ich keine Minute mehr verlieren. Im Übrigen, wenn man eine Mission hat oder nach einer Person verrückt ist, dann hat das Herz das letzte Wort! Die Leidenschaft, der eingeschworene Feind der Vernunft, führt Krieg mit der Zeit.

Lieber Pater, danke für Ihre Antwort. Sie sind überlastet, das verstehe ich gut. Ich bitte Sie nur um zwanzig Minuten Ihrer Zeit, und mir ist klar, dass Ihre Zeit kostbar ist. Sie sind in Avignon, kein Problem, ich kann dort hinkommen.

Liebe Natalie, ich kann Ihnen den Montag in einem Monat anbieten, den Dienstag in der darauffolgenden Woche oder aber morgen.

O. k., ich komme morgen!
PS: Übrigens kenne ich Ihre Adresse nicht!

So habe ich mich also am nächsten Tag in Avignon an den Toren der Niederlassung der »kleinen Grauen« befunden. Ich klingle, die Klingel funktioniert nicht. Ich klopfe, keine Antwort.

»Ich bleibe dran« – dieser Ausdruck kommt in meinem Wortschatz häufig vor –, schließlich öffnet jemand. Endlich lerne ich den berühmten Bruder Samuel kennen: Er ist ein gut aussehender Mann mit breiten Schultern und einem durchdringenden Blick. Seine Bodenständigkeit und seine Art, Präsenz zu zeigen und den Raum einzunehmen, beeindrucken mich von Anfang an. Schlecht rasiert, die Haare zerzaust, macht er den Eindruck, als wäre er gerade aufgestanden, aber dieser Eindruck täuscht. In Wirklichkeit schläft dieser Mann Gottes, Außenminister des Allerhöchsten – für die Welt leider mehr als eigenartig – nie. Er ist an allen Fronten und in allen Ländern, man könnte meinen, er hätte einen Doppelgänger. Aber was mich am meisten an ihm beeindruckt, ist sein Kampfanzug: ein großes graues Gewand aus dickem Stoff, Sandalen, die mehrmals die Welt umrundet haben, ganz zu schweigen von seinem riesigen Rosenkranz, der an seiner Seite wie ein Maschinengewehr herunterhängt. Vor mir ist der *Rambo des lieben Gottes*! Genau wie im Film ist er für den Krieg gerüstet, nur geht es nicht um denselben Kampf: Die Kugeln wurden durch die Perlen ersetzt. Sehr schnell wird klar, dass ich nicht gekommen bin, um Scherze zu machen.

»Bitte, kommen Sie herein«, sagt er und versucht, höflich zu sein.

Ich dringe in sein geistliches Zentrum ein. Er hat eine Sanduhr im Kopf. Die Minuten, die mir zur Verfügung stehen, sind gezählt, ich muss sie ganz bewusst nutzen.

Ein kaltes Zimmer in der Art eines Klassenzimmers.

»Legen Sie los, ich habe sehr wenig Zeit.«

»Es ist sehr einfach, Pater, ich bin Filmemacherin. Als ich beinahe gestorben wäre, bin dem Heiligsten Herzen Jesu begegnet und jetzt werde ich einen Film über die Barmherzigkeit Gottes drehen. Es ist die Geschichte einer verwirrten jungen Frau, die sich für Gott öffnen wird, eine moderne Maria Magdalena.«

Der Mönch sieht mich irritiert an, ohne ein Wort zu sagen.

»Ah, ja, ich habe vergessen zu sagen: Ich brauche zwei Millionen Euro für die Produktion des Films, aber Sie werden sie für mich auftreiben, weil Sie alle reichen christlichen Firmenchefs kennen! Es genügt, wenn Sie mich einfach nur mit ihnen bekannt machen, Gott wird sich um den Rest kümmern. Sie werden sehen, sie werden sich darum reißen, sich an der Finanzierung eines solchen Films zu beteiligen, weil sie gläubig sind! Wir werden nur die Qual der Wahl haben!«

Ich sehe immer noch das verblüffte Gesicht von Bruder Samuel vor mir. Eine Mischung aus Schrecken und Belustigung. Schließlich fängt er an, wie verrückt zu lachen. Und ich auch. Bei meiner fröhlichen Natur braucht es nur wenig, um mich anzustecken. Wir halten uns die Bäuche vor Lachen, bis ich nach fünf Minuten endlich die Sprache wiederfinde.

»Jetzt aber im Ernst, Pater, worüber lachen Sie?«, frage ich mit der größten Naivität der Welt.

»Über Sie!«, antwortet er plötzlich ganz ernst.

»Über mich?«

Mein ganzes Gesicht verwandelt sich in ein riesiges Fragezeichen.

»Von welchem Planeten kommen Sie? Ich kenne die christlichen Firmenchefs gut genug, um mir darüber klar zu sein, dass sie Ihnen nichts geben werden!«

»Aber warum, wenn sie doch gläubig sind? Es ist eiliger denn je, das Wort Gottes und seine Barmherzigkeit dieser Welt zu verkünden, die Sinn und Orientierung verloren hat! Bilder und noch spezieller das Kino sind besonders gute Werkzeuge. Die jungen Leute werden sich damit identifizieren können!«

Von da an kam ich nicht mehr zu Wort – ich bin auf jemanden getroffen, der eloquenter war als ich. Mit schonungsloser Redegewandtheit zeigte mir Bruder Samuel die logischen Gründe ihrer zukünftigen Ablehnung auf.

»Und außerdem sind Kino und was damit zusammenhängt«, damit ging er noch einen Schritt weiter, »böhmische Dörfer für diese Leute! Das sind Geschäftsleute, keine Künstler.«

»Ja, aber bevor sie Geschäftsleute sind, sind sie Kinder Gottes. Wenn es Gottes Wille ist, wird es schon funktionieren. Und ich weiß in meinem Herzen, dass es sein Wille ist.«

»Wenn das der Fall ist, wenn es wirklich der Herr ist, der dahintersteht, dann wird es Ihnen gelingen! Aber glauben Sie mir, das wäre ein Wunder.«

Ich habe den Bruder ganz aufgekratzt verlassen. Eigenartigerweise hatten seine mehr als entmutigenden Worte auf mich die gegenteilige Auswirkung. Diese Herausforderung – Kapital mitten in einer Wirtschaftskrise zu beschaffen, um einen noch unsicheren Film über die göttliche

Barmherzigkeit zu produzieren – betraf nicht mich, sondern den lieben Gott.

Je mehr die Dinge von einem menschlichen Gesichtspunkt aus unmöglich erscheinen, desto mehr kann der Allerhöchste seine Herrlichkeit und seine Allmacht offenbaren. Das Wunder wird geschehen. Was mich betrifft, so darf ich es nur nicht verpatzen.

Zurück in der Normandie bete ich vertrauensvoll in diesem Anliegen. Alles liegt in seinen göttlichen Händen, ganz egal, was mit mir geschieht. So vergehen die Tage still und ruhig. Ich versenke mich ins Gebet, in die Eucharistie, in die Natur. Ich fühle mich wie eine Sportlerin, die der Herr auf einen Marathonlauf vorbereitet. Diese Tage in enger Gemeinschaft mit ihm sind ein Segen. Jemand wie ich, der von Natur aus so aktiv und ungeduldig ist, lernt, sich wie Ton in den Händen des Töpfers formen zu lassen.

Eines Abends klingelt mein Handy. Es ist Bruder Samuel. Soeben hat er mein Drehbuch zu *La Mante Religieuse* gelesen. Er ist völlig durcheinander:

Es gibt nichts Riskanteres, als einen Film zu produzieren, in dem es um Religion geht. Weil dieses Thema so delikat ist, fällt man leicht in die Falle des »Zuviel« oder »Zuwenig« oder aber in eine emotionale, theatralische und tendenziell übertriebene Form der Artikulation.

Dieser Mann mit seinem brennenden Herzen für den Glauben und seiner sprühenden Intelligenz ruft mich an und hält sich eine Stunde frei, um mit mir am Telefon über meinen Film zu sprechen. Er zerpflückt die Wörter, analysiert jede Situation, siebt die Dialoge durch. Am Ende habe ich einen Kurs über mein eigenes Drehbuch erhalten! Dennoch hat dies dazu geführt, dass ich in der Handlung, selbst im Text Aspekte entdeckt habe, die mir vollkommen entgangen waren.

»Ich werde Ihnen mein Adressbuch geben«, sagt er schlicht und einfach, bevor er auflegt.

Rambo greift an, *La Mante Religieuse* bei Tisch

Dem Martyrium der ersten Christen folgte nun das der christlichen Geschäftsleute. Die armen Unglücklichen! Nun waren sie eingeklemmt zwischen dem *Rambo des lieben Gottes* und der *La Mante très religieuse*[8]. Eine generalstabsmäßige Liste wurde erstellt. Keiner ist uns entkommen! Von Tag zu Tag füllte sich der Kummerbeutel immer mehr und verwandelte sich in eine Art Kriegsbeute. Um die Aktion beginnen zu können, hatte Bruder Samuel mir die Mailadressen der Geschäftsleute gegeben. Sie antworteten nicht. Sehr bald gingen wir zu schwereren Geschossen über: die *06*![9] Wir waren organisiert wie Profis, echte Gangster, *Bonnie Saracco und Clyde Rambo.* Am Anfang sondierte ich das Terrain. Ich rief arglos im Auftrag von Bruder Samuel an, um ein Treffen zu vereinbaren. Wenn das nicht reichte, wurde er aktiv und brachte die Sache zum Abschluss. Nach und nach konnten Treffen vereinbart werden und Geld kam herein. Eine *Gang* im Dienst des lieben Gottes mit dem Auftrag, für ihn den schönsten Film der Welt zu produzieren!

---

8 Der französische Begriff *La Mante Religieuse* wird in Fußnote 1 auf S. 12 erklärt (Anm. d. V.).

9 *06* bezieht sich auf die ersten zwei Ziffern einer französischen Mobiltelefonnummer. Obwohl +33 die Landesvorwahl ist, gilt 06 nur für Mobiltelefone aus Übersee, die in Frankreich anrufen. (Anm. d. V.).

Die Zahl der Geldgeber stieg von Tag zu Tag, aber von der erforderlichen Summe waren wir noch weit entfernt. Andererseits waren wir nicht mehr allein, und das veränderte alles. Die Investoren waren selbst mehr als motiviert und organisierten Einladungen zum Abendessen, an denen ich teilnahm. Eine kleine Stärkung, einige kurze Erläuterungen von der Anrichte des Palais aus, und Saracco legte ihr Zeugnis ab von ihrer leidenschaftlichen Begegnung mit dem Heiligsten Herzen Jesu, ihres Vielgeliebten! Viele kamen aus Neugierde. Ich war eine Kuriosität bei diesen mondänen Abendgesellschaften, um die sich die Eingeladenen rissen. Eine Art »Elefantenmensch« mit einem fehlenden Rüssel.

Ich erinnere mich an Abende, die Vanessa, eine Co-Produzentin, organisierte. Das lohnte sich wirklich. Vanessa ist blond, schlank wie eine Liane, hochgewachsen und wahnsinnig elegant. Niemals geht sie ohne ihren hübschen Haardutt aus dem Haus. Als ich sie das erste Mal sah, dachte ich: *O weh, o weh, diese Frau und ich, das passt niemals zusammen!* Sie ist von der alten Schule an der Grenze zum Snob. Wir trafen uns bei einem Abendessen, bei dem die Anwesenden sich untereinander nicht wirklich kannten. Sie begleitete ihren Mann, ein hohes Tier in der Finanzwelt. Es erübrigt sich, die Stimmung näher zu beschreiben … Die Leute benahmen sich etwas gehemmt und wussten nicht, worüber sie reden sollten. Sehr schnell nahm Vanessa die Sache in die Hand, brach gegen alle Erwartungen das eisige Schweigen und versetzte uns auf direktem Weg vom Nordpol mitten in die Toskana.

»Da sich hier niemand wirklich kennt und man deshalb nicht weiß, worüber man sich unterhalten soll, werde ich die Lücke füllen«, sagte sie mit klarer Stimme mit einem leicht ironischen Unterton. Was sie zum Besten gab, begeisterte mich auf der Stelle! Mir gefielen plötzlich ihr

Haardutt und ihre feinen Perlen. Sie fing an, uns mit viel Humor und Witz eine Geschichte zu erzählen, über die sich jeder – angefangen bei ihr selbst – amüsierte. Als wir zum Tisch zurückkehrten, gingen wir schon Arm in Arm.

Einige Tage später war ich in ihrem vornehmen Privathaus in Neuilly zu einem »kleinen Imbiss« eingeladen, der eher einem opulenten Festessen glich. Die Tische waren so edel gedeckt, wie ich es bisher nur in *Peau d'âne*[10], einem meiner Lieblingsfilme, gesehen hatte.

Diese elegante Fee hat ein Talent, ihren Freunden bei Partys und Abendgesellschaften das Geld aus der Tasche zu ziehen! Wie gewitzt sie war! Kaum waren die Gäste angekommen, machte sie eine Ankündigung, nachdem sie mit ihrem silbernen Löffel an ihr Glas geklopft hatte. Mit feierlichem Ernst in der Stimme, perfekter Sprechweise und Überleitungen, die seit dem Ende der Monarchie von niemandem mehr verwendet werden, redete sie auf die natürlichste Art und Weise zu ihren Gästen:

»Meine lieben Freunde, danke, dass ihr alle so zahlreich gekommen seid.« Es waren mindestens vierzig Personen bei ihren Abendeinladungen anwesend.

»Heute Abend habe ich euch zum Essen eingeladen aus dem einzigen Grund, um an euer Geld heranzukommen. Diejenigen, die von diesem höllischen Börsencrash noch nicht ruiniert sind, mögen die Hand heben. Das Geld ist für meine Freundin Natalie, die einen Film produziert!«

Alle lachten sich halb tot und klatschten Beifall, aber ich muss zugeben, dass einige ziemlich gequält lächelten. Vanessas ungewöhnliche und unorthodoxe Persönlichkeit

---

[10] *Peau d'âne* (»Eselshaut«) ist ein französischer Märchenfilm von Jacques Demy (Anm. d. V.).

brachte mich auf die Idee, ihr eine Rolle in meinem Film zu geben. Beim Über-das-Ziel-Hinausschießen war sie perfekt. Leider musste ich die Szene beim Schneiden herausnehmen und damit war ihre junge Karriere als Schauspielerin zu Ende. Aber das letzte Wort ist noch nicht gesprochen … Dieses farbige Spektrum von Frau wird eines Tages meinen Filmen Farbe verleihen!

Saracco und ihre *Gang* von Produzenten treiben ihr Unwesen in ganz Paris! *Auteuil, Neuilly, Passy, das sind unser Stadtteile …*

Es fand regelmäßig ein Austausch von Rückmeldungen statt in Anwesenheit von *Clyde-Rambo-des-lieben-Gottes*. Zusammen arbeiteten wir alle möglichen Strategien aus und jeder stellte seine Kompetenzen und sein Netzwerk zur Verfügung. Ab und zu kam *JB* mit seinem Roller vorbei und stärkte uns den Rücken. Wir führten einen erbitterten Kampf gegen den Geiz und den Börsenhandel. Sobald ein neues Mitglied unserem exklusiven Klub beitrat, war sein Portemonnaie dran. Die Finanziers lachten sich halb tot, sie fanden ihre Kinderseele wieder. Wie schade, dass man an der Schwelle zum Erwachsenwerden diese zurücklassen muss! Ich persönlich habe es nicht eilig, »groß« zu werden. Ein kindlicher Geist gibt der Liebe den Vorzug. Und nur die göttliche Liebe verwandelt.

Eine Szene aus meinem Leben kommt mir in den Sinn. Ich war fünfzehn Jahre alt und hatte einen sehr alten, halb tauben und halb lahmen Hund. Überall, wo ich hinging, folgte mir das arme Tier. Eines Tages, als ich gerade bei einer äußerst wichtigen Arbeit war – ich schminkte mich, um auf eine Party zu gehen –, brachte er mich zum Innehalten, was an ein Wunder grenzte. An den Spiegel des hohlen Scheins gepresst und mit vor lauter Konzentration angehaltenem Atem führte ich mit dem Geschick eines Chirurgen, der am offenen Herzen operiert, einen Strich mit dem Eyeliner aus. Das arme Tier lag da mit runden Augen und betrachtete mich wie das siebte Weltwunder. Seine Augen waren voller Liebe. Er schaute mich an, als ob es das letzte Mal wäre. Ich war vollkommen überwältigt. Von einem unmerklichen Hauch der Liebe getragen entschlüpfte meinen Lippen ein »Ich liebe dich«. Diese paar Worte übten auf ihn die Wirkung eines Zaubertranks aus. Der alte Hund, der fast nur noch lag, erhob sich mit einem Satz. Seine lebhaften Augen sprühten vor Freude. Er stand gerade wie ein I mit dem Stolz eines Pferdes aus der napoleonischen Garde. Plötzlich fing er an zu springen und zu tanzen – man hätte meinen können, er hätte Sprungfedern unter seinen Pfoten! Das war die Umwandlung durch die Liebe, die Liebe, die stärker ist als alles, stärker als Krankheit, stärker als das Leiden, stärker als der Tod. Wenn wir arme, unvollkommene Geschöpfe, die wir sind, durch die Liebe schon solche Wunder hervorbringen können, dann stellen Sie sich erst einmal Gott, den »Herrn der Liebe«, vor.

Und wenn das ewige Leben eine nicht endende Umwandlung wäre unter dem brennenden Blick der Liebe Gottes, bis wir zu seinem Ebenbild würden?

Ali Saracco und die 40 Co-Produzenten

Nach *Ali Baba und die 40 Räuber* kam jetzt die Zeit von *Ali Saracco und die 40 Co-Produzenten.*

Auf der Suche nach einer möglichen Finanzierung von *La Mante Religieuse* brauchte ich eine gewaltige Dosis Glauben. Ich brachte vor den Herrn nicht nur *die fünf Brote und zwei Fische,* sondern auch noch die Krümel. Ich fuhr kreuz und quer durch ganz Frankreich und Belgien – und gab dabei das bisschen Geld aus, das ich gar nicht hatte – mit meinem Glauben als einzigem Gepäck. *Dein Wille geschehe. Wenn du es wirklich willst, dann wird dieser Film entstehen.* Ich hatte keinerlei entsprechende Ausbildung für die Beschaffung von Finanzmitteln und noch weniger eine Strategie dafür, aber als Ersatz hatte ich einen exklusiven Verbündeten: den Heiligen Geist! Vor jedem Treffen betete ich zu ihm und übergab ihm mein Anliegen. Ich befand mich manchmal in den schwierigsten Situationen mit den ungewöhnlichsten Unternehmern – manche meiner Co-Produzenten sind auf dem *CAC 40*[11] zu finden. Die meisten hatten die besten Schulen und Universitäten besucht, und Sie können mir glauben, egal, wie christlich sie sind, ein Cent ist für sie ein Cent! Kurzum, ich hatte es mit der Elite der

[11] Der *CAC 40* ist ein französischer Leitindex der 40 führenden französischen Aktiengesellschaften, die an der Pariser Börse gehandelt werden (Anm. d. V.).

Finanzwelt und der Intelligenzija zu tun. Trotzdem war ich kein einziges Mal nervös. Ich war ruhig und strahlte eine Ruhe aus, die beinahe beunruhigend war für diejenigen, die mich kannten. Gottes Kraft war in mir. Mit großem Vertrauen auf ihn »ging ich auf dem Wasser« – und ich fürchtete mich nicht und ging mutig voran. Seit das Abenteuer begonnen hatte, wiederholte der Herr immer wieder, dass ich nur ein Instrument in seinen göttlichen Händen bin, und dies ist sicher auch der Grund, warum ich nie Angst hatte. Nicht mehr ich handelte, sondern er war es. Diese Hingabe, dieses Vertrauen erwartet er wirklich von uns. Es ist sehr einfach und ich pfeife auf mein »Image«, denn ohne Gott breche ich zusammen. Dann bin ich ein kleines Mädchen im Alter von vier Jahren, das Angst vor der Welt hat. Mit ihm werde ich zu einer Dampfwalze! Ich verwandle mich in eine *Wonder Woman – Terminator,* die Sorte von Mensch, bei der man es besser gut sein lassen sollte. »Die« Gnade, die ein Gelingen tatsächlich ermöglicht, ist die Ausdauer. Man hätte mich an die frische Luft setzen können und ich wäre durch das Fenster wieder hineingekommen, notfalls auch durch den Kamin. Eine echte Weihnachtsfrau.

»Glauben, Hingabe, Ausdauer, Gebet«. Das erinnert mich an die Textstelle im Evangelium, in der die arme Witwe den Richter um Gerechtigkeit bittet. Sie gibt nicht auf, fleht ihn Tag und Nacht an, bis es ihm zur Last wird. Am Ende erfüllt der Richter ihren Wunsch, nur damit er seinen Frieden hat. Das gilt nicht nur für unsere menschlichen Beziehungen, sondern auch für unsere Beziehung mit Gott. Sagt der Herr nicht: *Bittet und es wird euch gegeben; sucht und ihr werdet finden; klopft an und es wird euch geöffnet?* (Lk 11,9).

Um vorwärtszukommen, muss man Initiativen ergreifen, und um Initiativen zu ergreifen, muss man sich in Bewegung setzen. Der Glaube lässt uns nicht nur Berge versetzen, er macht es sogar möglich, den Gipfel zu erreichen. Welche Gnade ist der Glaube! Und welche Freude! Der Herr macht aus seinen Kindern Superhelden: Man lässt den Zustand des lustigen Sterblichen hinter sich, um zum Sterblichen aus der Comicserie zu werden. *Wer diese meine Worte hört und danach handelt, ist wie ein kluger Mann, der sein Haus auf Fels baute. Als nun ein Wolkenbruch kam und die Wassermassen heranfluteten, als die Stürme tobten und an dem Haus rüttelten, da stürzte es nicht ein, denn es war auf Fels gebaut* (Mt 7,24–25). Nicht nur während unseres Lebens ist der Glaube an Gott wichtig, sondern auch im Augenblick des Todes. Ist die Auferstehung nicht eine Botschaft an die Lebenden, an jene, die ihren Glauben behalten haben, die daran glauben, dass diesem Gott der Liebe nichts unmöglich ist?

Nichts kann uns von Gott trennen, ausgenommen wir entscheiden uns selbst gegen ihn.

Die Suche nach Finanzmitteln für den Film *La Mante Religieuse* hat ungefähr fünf Jahre gedauert. Dabei muss man wissen, dass mir sogar noch mitten in den Dreharbeiten Geld fehlte und ich nach Geldquellen suchen musste. Und das bis zum Ende.

Der Herr hat mir durch diesen Film die Gnade wunderbarer Begegnungen geschenkt. Manche finanzierende Co-Produzenten wurden mir zu echten Freunden, die jetzt zum engsten Kreis meiner Familie gehören.

Zu meinen schönsten – und außerordentlichsten – Begegnungen zählt Hélène, diese »junge Abenteurerin von 87 Jahren«! Wow, welche Klatsche fing ich von dieser Frau ein! Welche Lektion in Demut, Menschlichkeit, Vertrauen und Glauben! Es sieht so aus, als ob sie die älteste der Investoren wäre, aber in Wirklichkeit ist sie die jüngste. Auf den ersten Blick ähnelt sie allen Mamis, aber wenn man sie betrachtet, sieht man etwas Wunderbares! Sie ist eine Prinzessin! Eine echte Prinzessin in ihrer Seele und auch im Leben, sie ist großzügig und diskret, sanft und lustig. Und sie hat einen Glauben – ach du Schreck! –, der nicht nur Berge versetzt, sondern auch alle Sterne des Himmels! Auf der ganzen Welt ist sie als begabte Bildhauerin bekannt! Meine kleine Meerjungfrau – so nenne ich sie – weiß jedoch nicht, dass ihr größtes Talent darin besteht, die Kuppen und Winkel der Herzen zu bearbeiten, denen es nicht immer gut geht, um ihnen ein Maximum an Ausstrahlung zu verleihen. Die Begegnung mit »meiner Prinzessin – der kleinen Seejungfrau – Mary Poppins« gehört wirklich zu den schönsten meines Lebens. Ich werde ihr niemals genug danken können für all die Hilfe, die ich von ihr bekommen habe.

Ich denke auch an eine andere Künstlerin, Agathe, von der eines ihrer Kunstwerke in meinem Film zu sehen ist. Agathe ist ein Sonnenschein und ihr Werk hat eine große Ausstrahlungskraft! Man muss erwähnen, dass sie die meiste Zeit vor dem Allerheiligsten Altarsakrament verbringt, um in den Genuss der göttlichen UV-Strahlung zu kommen. Es ist erstaunlich, wenn man erkennt, wie sehr es gläubigen Künstlern gelingt, ein unbeschreibliches Licht weiterzugeben, dieses kleine bisschen Mehr, das alles verändert. Auch wenn ihr Umfeld schwierig sein sollte, so erscheint es doch nie düster. Auch wenn das Unkraut sich noch so sehr bemüht, neben der Gnade zu wachsen, so trägt die Gnade, das Geschenk Gottes, immer den Sieg davon. Der Herr wirkt selbst durch seine Kinder, die Künstler.

Ich bin sehr stolz auf Agathe, meine Seelenverwandte, und auf ihren Mann Pascal. Beide sind jung und schön und sie lieben sich und sind verliebt in Christus. Es tut gut, solchen Leuten zu begegnen und sie kennenzulernen. Das ist der Ausgleich für die anderen. Ganz wie die »schöne Juliette«, diese reizvolle Brünette mit ihren langen Haaren und den großen schwarzen Augen, diese brillante, ehemals leitende Pressereferentin eines amerikanischen Riesenkonzerns, die alles liegen und stehen ließ, als sie Marc, ihrem charmanten Prinzen, begegnete. Aus dieser romantischen Liebe wurden zwei Feen geboren, ihre Töchter. Wenn ich Töchter hätte, würde ich mir wünschen, dass sie diesen beiden ähnlich wären.

Und meine »Jungs aus dem Norden«, meine Freunde mit Format, die Sch'tis[12]. Sie sind elegant, großzügig und witzig, und ich höre hier lieber auf aus Angst, dass sie mir einen Schlag versetzen werden. Ich werde nur ihre Vornamen erwähnen: »Xaver, Francis-Charles, Raphael, Alexis.« Francis-Charles habe ich auf eine sehr ungewöhnliche Art kennengelernt. Ich war mit meiner rollenden Hundehütte – meinem Auto mit 300 000 Kilometern auf dem Tacho und Türen, die bei 110 km/h von allein aufgehen – in der Hauptverkehrszeit in Paris unterwegs. Bei Rot an der Ampel fiel mein Blick automatisch auf eine Litfaßsäule, auf der Werbung für einen Film von Hossein gemacht wurde. *Oh,* dachte ich, *ich muss herausfinden, wer in diesen Film investiert hat.* Und tatsächlich las ich oben auf dem Plakat die Namen der Personen, die an der Finanzierung beteiligt waren. *Hm, interessant.* Ich griff nach einem Kuli, um die Namen aufzuschreiben, jedoch konnte ich die Buchstaben

---

[12] Der Film »Willkommen bei den Sch'tis« ist ein französischer Film von Dany Boon (Anm. d. V.).

nicht richtig erkennen. Das Plakat war zu weit weg. Ich suchte rechts oder links nach einem Parkplatz. Keiner vorhanden. Da überlegte ich nicht lange und rannte aus dem Auto, das mitten auf der Straße stehen blieb! Die Ampel schaltete auf Grün, die Autofahrer waren im Begriff, mich zu überfahren. Ich kam seelenruhig mit den korrekt notierten Namen zurück.

Einer dieser Autofahrer war Francis-Charles. Einige Wochen später war ich in seinem Büro in Belgien. Francis-Charles ist der *Big Boss* einer Bekleidungsmarke, die auf der ganzen Welt präsent ist. Er ist immer wie aus dem Ei gepellt, elegant und sehr geschmackvoll gekleidet. Eines Tages ließ ich ihn unglücklicherweise in meine rollende Hundehütte einsteigen, die zusätzlich zu den Hundehaaren auch noch nach meinem Hund riecht. Mit dem Taktgefühl und der Rücksichtnahme, die für ihn typisch sind, hat er nur gesagt: »Ich mag Hunde auch.« Das Schlimmste war jedoch, dass wir auf dem Weg zu einer Zusammenkunft waren. Als wir aus der »Hundehütte« ausstiegen, hatte auch er einen »Pelzmantel« bekommen. Seitdem fragt er mich immer, was es Neues von meinem Auto gibt. Man braucht nicht zu fragen, warum. Dieser Mann ist die Güte und Freundlichkeit in Person. Wenn man sagt, dass das Geld den Charakter verdirbt, dann ist das nicht wahr. Es kommt auf die Beziehung zum Geld an, die den Charakter verdirbt.

Ich werde auch Benoît nicht vergessen, eines von Vanessas »Opfern«. Ihr ist es gelungen, ihm eine Menge Geld zu entlocken. Dieser Geschäftsmann, eine starke Persönlichkeit, war in den schwierigen Zeiten immer da. Und davon gab es mehr als eine!

Ein großer Dank geht auch an Olivier für seinen Fang und seine Hilfe, und auch an Thibault und Nathalie – mein

Patenkind bei der Ehrengarde! – für ihr Engagement und ihre Unterstützung. Und was Philippe betrifft: Wenn es »einen französischen Filmpreis für Geduld« gäbe, hätte er ihn auf der Stelle verdient!

Besonders erwähnen möchte ich auch Gonzague, meinen bretonischen Cowboy! Er ist einer der größten und großzügigsten Unternehmer auf der Welt. Gonzague steht an der Spitze einer ganzen Reihe von Unternehmen, deren gemeinsamer Nenner die soziale Ausrichtung ist.[13] Er verfolgt das Ziel, echte Kreativität in seinen Unternehmen zu unterstützen, seine unternehmerischen Planungen mitmenschlich zu gestalten, den Gewinn zu reinvestieren und daraus Entwicklungen zu fördern, die dem Leben dienen. Das ist das Leitmotiv dieses zauberhaften Unternehmers. In gewisser Weise ist Gonzague auch ein Künstler: Er transportiert die Poesie und die menschlichen Schattierungen in einen Bereich, der recht oft nur den trügerischen Schein des Geldes kennt.

Diesen »sentimentalen Einschub« setze ich mit meiner korsischen Familie fort. Eine tolle Familie. Hypergläubig, hyperlustig und begeistert für das Kino! Ihr Jüngster, Marius, 15 Jahre alt, schreibt gerade sein erstes Drehbuch für einen Kurzfilm. Die Eltern selbst scheinen direkt aus einem Film von Scorsese zu stammen. Antoine, der Vater, ist das Double von Al Pacino – man erwartet jeden Moment, dass er seine Waffe zieht – und Agnès, die Mutter, ist eine große, witzige Brünette mit hellen Augen und einer traumhaften Figur. Dieses Glamour-Paar hat das Zeug, die Stufen von Cannes hinaufzusteigen.

---

[13] Unter »Sozialunternehmen« versteht man Unternehmen, für die das soziale oder gesellschaftliche gemeinnützige Ziel Sinn und Zweck ihrer Geschäftstätigkeit darstellt. Die Gewinne werden größtenteils wieder investiert (Anm. d. V.).

Eine Palme verdienen auch meine an der Produktion des Filmes Beteiligten aus Paris, England und Belgien: Laurent (ein rührender Kämpfer für den Herrn), Pascale (meine Assistentin, die für Ordnung sorgte), Antoine, seine Frau, und ihre Tochter Priscille (eine beherzte Schauspielerin!), die sympathische Magali und Emmanuel (ihre bessere Hälfte), Bertrand, Vanessas Mann (so bescheiden und wohlwollend), Manu (Mister »Gute Energie«), die elegante Diana und Jean Bernard, ihr Mann, Sophie, Béa, Guy und seine Frau, die schöne Marine, Olivier und Gin (die so reizend ist), Bernard, Alix (Vincents Frau), der vornehme Bertrand, Gilles, Roland, Eric und Justine, Claire, Michel, Ludovic, Philippe, Fabienne und Stéphane, beide sehr attraktiv, Eric, Amélie, Marie, Arnaud, Jean, Bertrand, um nur einige zu erwähnen. Die hier nicht aufgeführten, denn die Liste würde zu lang werden, sind jedoch in meinem Herzen. Ihnen allen danke ich von ganzem Herzen, denn jeder hat seinen eigenen Stein zum Gelingen beigetragen. Ein liebevoller Gedanke gilt auch meinen Freunden Ketty und Maurice.

Ein ganz großer Dank gebührt Cyrille und Philippe – der eine ist Finanzplaner, der andere Rechtsanwalt, beide sind Juden. Ich habe sie zu Beginn meines Abenteuers kennengelernt, als ich noch keinen einzigen Investor gefunden und keinen Cent in der Tasche hatte. Sie haben mir vertraut und unentgeltlich geholfen. Jetzt gehören sie zu meinem »Team« auf Lebenszeit – ich weiß nicht, ob das ein Geschenk für sie ist. Ich erinnere mich, als ich eines Morgens ziemlich früh in Cyrilles Büro kam. Der Arme hatte noch vom Schlaf verklebte Augen und musste mehr als eine Stunde lang meine improvisierte und leidenschaftliche Rede als Geschäftsfrau ertragen – einer Bretonin! Er sollte mir dringend ein Präsentationsmappe für meine zukünftigen

Partner erstellen – einen Businessplan, wie man dies nennt. Mein ungewöhnliches Projekt der Finanzkonstruktion beschäftigte ihn. Obwohl er total überlastet war – er ist einer der bedeutendsten Finanzplaner im audiovisuellen Bereich –, nahm er den Auftrag an. Beim Verlassen seines Büros drehte ich mich um, warf ihm ein Lächeln auf den Lippen zu und bemerkte: »Ah … ich habe ein kleines Detail vergessen: Ich habe keinen einzigen Cent, um Sie zu bezahlen!« Ob er jetzt einfach in Frieden gelassen werden wollte oder bereits im Stehen schlief, jedenfalls hat er geantwortet: »O. k., kein Problem!«

Ich werde dieses Kapitel mit einem Mann, der aus dem »Fischteich *JB*« stammte, beenden: Aubry, ein von Gott Begeisterter. Ich konnte von ihm leider kein Geld bekommen – er ist pleite –, aber dieser Mann hat mir viel mehr gegeben, als Erstes seine Freundschaft und dann sein Netzwerk. Aber am meisten hat mir Aubry durch sein Beispiel im Glauben geholfen. Aubry liebt Gott und hat keine Angst, davon zu sprechen. Er verkündet es geradeheraus. Er macht sich immer an den Herrn heran, und das sieht man. Ich nenne ihn »den Propheten«. Wenn alle Gläubigen wären wie er, würde die Erde in eine wunderbare Landschaft verwandelt werden.

Halleluja!

Freude bei der Vorbereitung

Obwohl noch einige Tausend Euro fehlten, entschied ich mich, vorwärtsgedrängt durch diese mächtige und unbeschreibliche Kraft, zusammen mit meiner fröhlichen Schar von Co-Produzenten die Vorbereitungen für den Film zu beginnen. Endlich war der offizielle Start, denn de facto hatte ich schon vor langer Zeit damit angefangen. Aber im jetzigen Stadium musste ein Team mit all den Ausgaben und Löhnen engagiert werden, die hierfür anfallen würden. Das Baby *La Mante Religieuse* boxte nicht mehr von innen, sondern begann, mit dem Kopf herauszukommen. Der Traum wurde Realität, die Raupe verwandelte sich in einen Schmetterling.

Das Wochenende hat begonnen. Ich bin fest entschlossen, zusammen mit meinen Eltern den offiziellen Start der Filmproduktion zu feiern. Langsam breitet sich bei allen im Haus eine fröhliche Erregung aus, sogar bei den Hunden. Ich danke dem Himmel dafür, dass ich diese Gnade mit denjenigen teilen darf, die ich liebe und die mich immer unterstützt haben. Morgen werden *La Mante Religieuse* und ich unsere Geschäftsräume übernehmen: 300 qm am Boulevard Haussmann im 8. Arrondissement in Paris. Für mich, die kleine Filmemacherin OFB – ohne festes Büro – ist das einfach irre. Bis dahin hatte ich mangels finanzieller Mittel Cafés als Büro gewählt, und morgen nun wird quasi ein Palast zur Verfügung stehen. Es fühlt sich wie ein Märchen an. Und meine Eltern sind bei mir, um diese Freude mit mir zu teilen. Jetzt bin ich an der Reihe, sie zu verwöhnen.

Ich bin richtig aufgekratzt und gerade dabei, in der Küche einen Tee zuzubereiten. Papa ist im Zimmer nebenan. Es ist seine tägliche Sportstunde. Sie zu verpassen, kommt für ihn nicht infrage! Er gehört zu den großen Sportlern vor dem Ewigen, die am Fernsehapparat kleben. Ich höre, wie Mama ihn ruft. Keine Antwort. Sie ruft nochmals lauter und er antwortet endlich mit einem Tonfall, den ich noch nie von ihm gehört habe:

»Ich verstehe dich nicht, ich kann nicht aufstehen. Meine Beine reagieren nicht mehr …«

Mir ist sofort klar, dass ein ernstes Problem aufgetreten ist. Mit stolperndem Herzschlag steure ich auf das Wohnzimmer zu. Mein Vater sitzt da auf dem Sofa und sieht extrem müde aus. Die Angst verwandelt mich in eine Marmorstatue. Es ist mir bewusst, dass etwas Gravierendes, Unumkehrbares geschehen ist. Ganz langsam und in perfekter Gleichschaltung klappen sein Arm und sein Bein zusammen. Sein Mund beginnt herabzuhängen und ein dünner Speichelstreifen läuft heraus. Papa hat einen Schlaganfall erlitten. Meine Liebe zu ihm gewinnt die Oberhand und im Bruchteil einer Sekunde zerbricht die Marmorstatue, zu der ich geworden war. Man muss schnell reagieren. Keine Sekunde darf verloren gehen. Mama ist zusammengebrochen. Ich habe Angst, dass sie ohnmächtig wird. Deshalb setzte ich sie in einen Sessel. Dann drehe ich mich langsam zu Papa um und sage mit beruhigender Stimme zu ihm:

»Papa, beunruhige dich nicht, du hast einen Schlaganfall erlitten. Als Arzt weißt du, dass das nicht unbedingt schlimm sein muss. Antworte mir jetzt bitte, wenn du mich verstehst.«

»Ja«, haucht er schwach. Die Stimme ist durch diesen verflixten Schlaganfall ganz verzerrt.

»O. k., Papa. Deine Stimme, somit auch dein Gehirn, ist nicht betroffen. Dein ganzer Kopf funktioniert noch. Bitte, schlaf jetzt nicht ein. Bitte, rede mit mir, Papa, rede mit mir.«

Ich sehe, wie mein Vater allmählich in den Schlaf versinkt, nehme ihn bei der Hand und schubse ihn an, damit er aufwacht. Mama kommt herbei und übernimmt. Ich stürze mich auf mein Handy, um die Feuerwehr zu rufen – es ist besser, als Erstes die Feuerwehr zu holen. Sie sind schneller und nehmen die Sache gleich in die Hand.

Nach außen lege ich eine Heiterkeit und Sicherheit ersten Ranges an den Tag, in Wirklichkeit zittere ich wie Espenlaub und bin einer Ohnmacht nahe. Während wir auf den Rettungsdienst warten, messe ich seinen Blutdruck und versuche, ihn zu beruhigen. Er selbst scheint gar nicht so besorgt zu sein. Aber sicher spielt er diese Sorglosigkeit vor, so wie wir es auch tun. Die Feuerwehr kommt nach wenigen Minuten. Sie wollen Papa in ein kleines Krankenhaus auf dem Land bringen, das für unsere Gemeinde zuständig ist. Ich bitte den Einsatzleiter inständig, Papa nach Mantes-la-Jolie zu bringen, aber er weigert sich. Ich bestehe darauf. Schließlich ist er einverstanden. Die Feuerwehrleute legen ihn auf eine Bahre. Ich lasse seine Hand nicht los. Mama möchte mit mir ins Krankenhaus fahren. Das geht nicht! Ihre Gesundheit ist angegriffen und sie ist viel zu sensibel. Ich will nicht den Teufel herausfordern, der schon »mitspielt«. So vertraue ich meine liebe Mama einer Freundin an, die zu uns nach Hause kommt und bei ihr bleibt.

Diese Sirenen hatten jetzt nichts mit dem Lied *Le chant des sirènes*[14] zu tun. Wegen der Dringlichkeit der medizinischen Intervention hat das Fahrzeug sein rotes Gewand angelegt – die Farbe des Blutes. Und seine Perlenkette aus Blaulicht funkelt tausendfach. Dieses Getöse von Tönen und Lichtern macht auf mich den Eindruck eines Leichenzugs.

Ich erinnere mich, wie ich allein im Auto den Feuerwehrleuten folgte und zu mir sagte: »Nein, das ist unmöglich, Papa ist gesund wie ein Fisch im Wasser. Jeder in der Familie weiß, dass er uns alle überleben wird!« Richtungsänderung. Da ich nicht wusste, wo sich das Krankenhaus befand, hängte ich mich direkt hinter den Rettungswagen. Ich weiß noch, dass mir auf der Fahrt böse Blicke von Autofahrern zugeworfen wurden, weil ich sie überholte. Trotzdem gab es keinen Zweifel: An meinem warnenden Hupen und tränenüberströmten Gesicht konnte man leicht erkennen, dass ich Teil dieser »Unglückskarawane« war. Während ich gerade dabei war, ein Auto zu überholen, scherte ein Fahrer mit Gewalt in meine Richtung aus und provozierte beinahe einen Unfall! *Verflixt noch mal, Herr. Nur du allein liebst uns so, wie wir sind. Und du schenkst uns diese Liebe weiterhin, indem du für uns gestorben bist!*

Gleichzeitig mit der Feuerwehr komme ich in der Notaufnahme an. Noch bevor die Feuerwehrleute aussteigen, springe ich mit katzenhafter Schnelligkeit aus dem Auto. Es ist wichtig, dass ich in dieser schwierigen Lage an Papas Seite bin. Ich drücke seine Hand und rede ihn an: »Ich

---

[14] *Le Chant des sirènes* (»Gesang der Meerjungfrauen«) ist ein Lied von Fréro Delavega (Anm. d. V.).

bin da, Papa, mach dir keine Sorgen, es wird schon gut werden.« Er sieht mich mit einer Zärtlichkeit an, wie ich sie noch nie erlebt habe.

Am ersten Hindernis an der Eingangstür und an den Krankenschwestern komme ich vorbei, dann beim zweiten, beim dritten muss ich umdrehen. Die Ärzte machen ein CT bei meinem Vater, um zu sehen, ob er innere Blutungen hat oder ob das Gehirn betroffen ist.

Ein kalter Warteraum mit Wänden, an denen die Angst klebt …

Ganz benommen warte ich, betäubt von diesem üblen Schlag, den uns das Leben versetzt hat. Ich bete zu Gott und bitte ihn um Hilfe. Als ich den Kopf hebe, begegnen meine Augen denen einer muslimischen Krankenschwester in der Aufnahme. Sie lächelt mir zu. An ihrem Lächeln und in ihren Augen erkenne ich alles Mitgefühl und alle Zärtlichkeit dieser Welt wie bei sonst niemandem. Wir betrachten uns einen Moment lang. Der Herr ist bei uns beiden: Wir sind Schwestern. Wir sind einige Meter voneinander entfernt, aber wir beten beide, das ist eindeutig. Diese muslimische Schwester weiß, dass mein Papa hinter dieser schrecklichen Tür ist und dass gerade schwierige Untersuchungen vorgenommen werden. Sie weiß, dass »das kleine Mädchen, das ich bin« gläubig ist – wenn man wirklich gläubig ist, erkennt man einander fast instinktiv.

Eine Krankenschwester mit einem großen glänzenden Kreuz, wie in den Filmen von Tarantino, kommt aus dem Untersuchungszimmer. Ich frage sie, wie es meinem Vater geht und ob es schon Ergebnisse gibt. Herablassend gibt sie mir eine halbherzige Antwort und meint, ich solle spazieren gehen. Die muslimische Frau verlässt daraufhin ihren Arbeitsplatz und kommt zu mir herüber.

»Man darf ihr nicht böse sein, sie macht sich darüber keine Gedanken. Machen Sie sich keine Sorgen, ich werde nachfragen.«

Nach einigen Minuten, die mir endlos lang vorkommen, kehrt sie mit entspanntem Gesicht zurück.

»Sie können ganz beruhigt sein, Ihr Papa hat keine Blutungen und seine Hirnfunktionen sind intakt. Er hat nach Ihnen gefragt.«

Sofort gehe ich in Richtung »Bronzeportal«, das uns trennt, um bei ihm zu sein, als mich plötzlich der christliche Drache wieder einfängt und mich am Arm festhält.

»Kein Zutritt! Sie können keinesfalls damit rechnen, das Untersuchungszimmer zu betreten«, schleudert »er« mir mit feurigen Augen entgegen.

Genau in diesem Augenblick hatte ich natürlich keine Lust, »die andere Wange hinzuhalten«, sondern eher, ihr einen Faustschlag zu versetzen! Lulu, mein Schutzengel, kam zu Hilfe.

»Sagen Sie es mir bitte, wenn ich ihn sehen kann«, entwand er meinen Lippen, während ich gerade eher Lust hatte, es dem Biest zu zeigen.

Kurz danach wurde mein Vater in ein anderes Stockwerk und auf eine andere Station verlegt. Ich folgte ihm wiederum. Dieser Rundgang, bei dem ich jeden Winkel ausforschte, endete in einem dunklen Gang neben dem Stationszimmer. Seit zwei Stunden hatte ich vonseiten der Ärzte nicht die geringste Information erhalten. Mit leerem Magen und voller Angst konnte ich schließlich meine Übelkeit nicht mehr bezwingen. Eine farbige Krankenschwester mit imposantem Körperbau, der von vornherein Respekt einflößte, veranlasste mich allen Ernstes, ein Glas Marmelade hinunterzukippen. Kurz danach kam eine Ärztin zu mir.

»Hören Sie, Ihr Papa hat einen Schlaganfall erlitten. Sein Zustand, der bis jetzt stabil war, beginnt kritisch zu werden. Wir können ihm leider die Flüssigkeit nicht injizieren, die den Pfropfen auflösen würde, der sich gebildet hat.«

»Warum geht das nicht?«

»Weil Ihr Vater einen Blutdruck von 170 hat! Es ist undenkbar, bei einem solch abnormal hohen Blutdruck diese Flüssigkeit zu spritzen! Wir warten also darauf, dass er sinkt, aber leider ist das bis jetzt nicht der Fall.«

»Aber«, sagte ich mit zugeschnürter Kehle, »mein Vater hatte immer 170, das ist sein normaler Blutdruck!« Das Gesicht der Ärztin wurde blass. Seit zwei Stunden warteten sie darauf, dass der Blutdruck sinken würde …

»Warum hat mir das niemand gesagt?«, entfuhr es ihr.

»Weil niemand zu mir kam, um darüber zu reden! Und als ich fragte, ob es neue Erkenntnisse über seinen Zustand gebe, war niemand imstande, mir darauf eine Antwort zu geben. Ich bitte Sie, geben Sie ihm schnell diese Spritze …«

»Sie müssen wissen, dass diese Flüssigkeit sehr wirksam ist, wenn man sie rasch verabreicht. Aber eines ist sicher, bei einem solchen Blutdruck kann sie den Tod nach sich ziehen. Eine solche Verantwortung kann nur die Familie übernehmen.«

»Tun Sie es! Wir versuchen es. Wir dürfen keine Minute mehr verlieren.«

Das lange Warten in diesem Gang, der an eine Leichenhalle erinnerte, und diese Entscheidung, die ich ganz allein treffen musste, waren schrecklich. Kurz danach hat mich eine Krankenschwester geholt und mich zu ihm geführt.

Mein Vater liegt in einem winzigen Zimmer und hat überall Schläuche. Ich drehe den Kopf weg, wische heimlich meine Tränen ab und rede ihn an, indem ich gleichzeitig »die Komödiantin« in mir bitte, mir zu Hilfe zu kommen.

»Du Spaßvogel! Du bist zu allem bereit, um auf dich aufmerksam zu machen und unser Interesse zu wecken!«, rede ich ihn mit einem künstlich heiterem Tonfall an. Und dann umarme ich ihn und hätte dabei beinahe seine vielen Infusionsschläuche und Elektroden herausgerissen. Mit Tränen in den Augen richtet er sich würdevoll auf.

»Du weißt«, sagt er, »dass ich stolz auf dich bin. Du hast dich verhalten wie ein richtiger Chef. Du hast die Dinge wirkungsvoll, mit Selbstvertrauen und Verantwortlichkeit in die Hand genommen. Ja, ich bin wirklich von meiner Tochter begeistert!«

Seine Worte gingen mir zu Herzen. Mein Papa war stolz auf mich.

Er begann, mir alles zu erzählen, was geschehen war und was ich alles gemacht hatte: dass ich den Rettungsdienst angerufen, dass ich mit ihm gesprochen hatte, damit er nicht einschlief, als ich seinen Blutdruck gemessen hatte usw. Es war, als ob er alles fotografiert hätte. Schließlich sagte er, dass ich eine sehr gute Ärztin geworden wäre! *Medizin? Nein danke! Ich kann einen kühlen Kopf bewahren, aber dafür bin ich viel zu sensibel. Ich müsste ständig Antidepressiva nehmen und bei den Patienten weinen …* Wir unterhielten uns und lachten manchmal, aber vor allem sagten wir uns gegenseitig, dass wir uns liebten. Und das war enorm. Vor allem, weil es auch von ihm kam. Das war sonst nicht seine Art. Von Natur aus kühl, war er ein ziemlich verschlossener Mensch. Ich habe darunter sehr gelitten. In letzter Zeit hatte Gott uns jedoch die Gnade geschenkt, uns näherzukommen, und nicht irgendwie, sondern durch die Vermittlung seines Heiligsten Herzens. Ja, schon wieder er, Jesus! Als ich von der Schwelle des Todes zurückgekommen war, ganz erfüllt von meinem Geliebten, hörte ich nicht auf, meiner Umgebung vom Herrn zu erzählen: *Jesus hier, Jesus dort. Höre Jesus, Jesus, ich möchte dir sagen … Wie spät ist es? Es ist Zeit, Jesus zu besuchen!* Mein Lieblingsopfer hieß damals Papa. Außerdem war er einer von diesen lauen Katholiken! Nachdem ich aufgeschreckt worden war von den Leiden Christi, verursacht durch unsere Herzenskälte und Gleichgültigkeit, führte ich einen nicht endenden Kampf gegen die Lauheit. Zudem liebte ich Papa und ich wollte um alles in der Welt verhindern, dass er den Herrn verfehlte. Somit ließ ich ihm keine Ruhe! Ich bedrängte ihn, das Evangelium zu lesen, zu beten, wir tauschten uns über den Glauben aus usw. Und bei dem Thema »Heiligstes Herz Jesu« ließ ich ihn wirklich nicht in Ruhe und gab nicht auf. Wenn wir unter uns waren, erzählte ich ihm von der Barmherzigkeit Gottes, der freiwillig sein Leben für uns hingegeben hat und der es noch immer durch die Sakramente tut und durch sein Heiligstes Herz, das sich in Liebe zu uns verzehrt. Ein Stoß der Gnade wurde geschenkt, als ich Mitglied der Ehrengarde wurde. Ich drängte in ihn und redete gegenüber ihm ständig davon. Schließlich gab er entgegen allen Erwartungen jeglichen Widerstand auf. Eines Tages suchte er mich auf und sagte mir, dass er wieder dazugehören und bei der Ehrengarde mitmachen möchte. Ich rief in Paray-le-Monial meine große Freundin Marie-Chantal, die Verantwortliche für die Ehrengarde, an, um sie darüber zu informieren. Sie wies mich darauf hin, dass ich unverzüglich an seiner Stelle das Weihegebet sprechen solle. Am nächsten Tag befanden wir uns, Papa und ich, in der Kirche und knieten vor dem Altarsakrament und alles war geregelt! Von da an änderte mein Papa sein Verhalten. Ich war nicht die Einzige, die das bemerkte. Mama erkannte es auch.

Zwischen dem Zeitpunkt, an dem er Mitglied der Ehrenwache geworden ist, und seinem Tod vergingen sieben Monate, genau die Zeit, die das Heiligste Herz benötigte, um das Seine zu bewirken. Ich dachte nicht, dass mein Vater uns verlassen würde. Jedes Mal, wenn ich für ihn betete, empfand ich eine große Ruhe, verstärkt durch eine große Freude. Ich war überzeugt, dass der Herr ihn heilen würde. Tatsächlich war er dabei, ihn zu heilen, jedoch von den Verletzungen, die durch die Sünde verursacht worden waren. Gott hat den Kampf gewonnen, und die Ehrengarde hatte ihren Anteil daran. Am Abend vor seinem Tod hat mich Bruder Sam gefragt, ob ihm das Sakrament der Krankensalbung gespendet worden sei. »Nein«, habe ich geantwortet. Die Ärzte waren zuversichtlich und deshalb wollten wir warten, bis unser Freund, der zugleich Priester ist, zurückkam. Er war für einige Tage verreist. Da jedoch Bruder Sam ausnahmsweise in unserer Gegend war, kam er vorbei, um Papa die Krankensalbung zu spenden. Am nächsten Morgen hauchte Papa sein Leben aus.

Einige Stunden vor seinem Tod nahm ich an einer Besprechung teil. Ich befand mich mitten in einem regelrechten Albtraum: Tagsüber arbeitete ich voller Eifer mit meinem Team in meinem schönen, luxuriösen Büro. Abends besuchte ich meinen Vater im Krankenhaus an seinem Krankenbett. An diesem Tag jedoch spürte ich, dass der Besuch dringlich war. Ich verkürzte die Besprechung und verließ das Büro in aller Eile. Als ich bei ihm ankam, schien er zu schlafen. Die Krankenschwestern informierten mich, dass in seinem Blut der Sauerstoff fehle, was kein gutes Zeichen sei, aber noch sei alles offen. Ich blieb lange da und redete mit ihm. Dreimal verließ ich das Zimmer, um nach Hause zu gehen, und dreimal kehrte ich zurück. »Papa, ich liebe dich und ich bin stolz auf dich«, sagte ich zu ihm als Letztes. Ich war wirklich stolz auf ihn. Während der letzten fünf Tage hatte er große Schmerzen gehabt. Da er nicht mehr schlucken konnte, hatte man ihm jede Flüssigkeiten ausdrücklich verboten – ganz zu schweigen natürlich von etwas Festem. Er merkte genau, dass sein Zustand schlechter wurde, aber kein einziges Mal hat er geklagt. Ganz im Gegenteil: Er munterte uns noch auf. Niemals hat er ein Zeichen von Angst oder Bangigkeit gezeigt. Er machte sogar noch Witze, obwohl er praktisch kaum mehr sprechen konnte und sich übermenschlich anstrengen musste, die Augen offen zu halten. Stattdessen verbrachte er seine Zeit im Gebet. Einmal rügte er sogar Mama, die doch wie ein Frosch am Weihwasserbecken lebt, weil sie die Stunde der Ehrengarde noch nicht gehalten hatte. – Ich habe nämlich halb Paris und die halbe Normandie zur Ehrengarde gebracht! Papa hatte sich vollkommen den Heiligsten Herzen Jesu und Mariä übergeben. Es war keine Hilfe mehr möglich. Seine letzten Worte galten Mama. Wir waren gerade dabei, das Zimmer zu verlassen, da rief er uns mit einem Kraftakt zurück und schrie mit lauter Stimme, dass es das ganze Krankenhaus hörte:

»Das ist meine Frau und ich liebe sie!«

Papa kannte von mir einige Verlan-Ausdrücke.[15] Seit dem Schlaganfall hatte ich ihm fremdartige Wörter beigebracht, um den Zustand seines Gedächtnisses zu überprüfen.

Aus Sorge um meine Familie und um sie zu schützen, wollte ich mich um die Formalitäten kümmern – die alles

---

[15] Eine Art Geheimsprache, bei der die Silben gewisser Wörter in umgekehrter Reihenfolge gesprochen werden (Anm. d. V.).

andere als erfreulich waren, sie waren einfach grauenhaft! Ich fühlte mich, als wäre ich wie in einem Buch von Stephen King verschlungen worden: Als Gefangene eines albtraumhaften Lesezeichens befand ich mich in einer anderen Dimension, eingekeilt zwischen zwei Welten. Ich erinnere mich, wie ich mitten in der Kostümprobe in aller Eile nach Mantes fuhr, um den Sarg auszusuchen. Während ich gleichzeitig mit dem Produktionsleiter telefonierte, fand ich endlich eine Parklücke.

Ich legte auf, atmete durch, rief Jesus und Maria zu Hilfe und verließ das Auto. Das Schaufenster des Bestattungsinstituts mit seiner irreführenden, fröhlich scheinenden Dekoration wirkte wie falsch am Platz. Die unpassende Dekoration machte den Ort grenzwertig unheimlich. Es hätten nur noch die Girlanden und Lampions gefehlt, die zum Tanz einluden! Ich stieß die kalte Eingangstür auf und befand mich allein inmitten von Plastikblumen und ausgestellten Särgen. Diese schauerliche Atmosphäre wurde durch einen merkwürdigen Geruch, den des Todes, verstärkt. In der Ferne drohte ein flackerndes Neonlicht seinen Geist aufzugeben. Ich bekam es mit der Angst zu tun, aber Jesus und Maria waren da. Da hörte ich plötzlich das schrille Geräusch von Schritten, die aus dem hinteren Teil des riesigen Raumes näher kamen. Je mehr sie sich näherten, desto heftiger war das Geräusch, richtig metallisch. Plötzlich erschien eine Blondine, die auf unglaublich hohen Absätzen daherkam. Sie war bis zur Nasenspitze geschminkt, ein Opfer der Mode schon von Geburt an. Die platinblonde *Betty Boop*[16] zeigte mir ihr Gebiss mit dem Lächeln eines Raubtiers.

---

[16] *Betty Boop* ist eine Comicfigur, bei der das Kindliche mit dem Raffinierten vereint ist: ein rundes großes Babygesicht mit großen Augen und einer Nase wie ein Knopf (Anm. d. V.).

»Ups, ich habe Sie nicht hereinkommen hören! Ich war im Hinterzimmer, wissen Sie, im Zimmer, in dem … äh … wie soll ich es sagen? Der Ort, an dem man die Vorbereitungen trifft für …«

»Ich bin gekommen, um einen Sarg auszusuchen«, bemerkte ich, um sie aus der Verlegenheit zu befreien.

Sie nahm mich mit in ein hell ausgeleuchtetes Büro. Aufgeregt zeigte sie mir Kataloge mit verschiedenen Särgen und dem entsprechenden Zubehör. Es gab sie in allen Farben und für jeden Geschmack. Ich hatte den Eindruck, in Disneyland oder in einem »Grande Récré«[17] zu sein, jedoch befand ich mich stattdessen im »Todesland«. Wenn man den Tod banalisiert und entmystifiziert, wird er noch viel beängstigender.

Dieses Pin-up-Girl, das wohl bei seiner Bewerbung als Kosmetikerin oder Stewardess abgelehnt worden war, tat mir plötzlich leid. Sie war ein gealterter, mit einer Todeskrone geschmückter Teenager und kam mir vor wie »Miss Leichenschauhaus«. Ich spürte, wie mich Christi Zärtlichkeit für sie erreichte: Bewegt betrachtete ich die kleine, zerbrechliche Puppe, die ein Leben lebte, das weit von ihren Träumen entfernt war. Am liebsten hätte ich sie umarmt! Ich habe eine gewisse Zeit damit verbracht, ihr von der Liebe des Herrn für sie zu erzählen und ich konnte sie beruhigen – »Betty« hatte schreckliche Angst vor dem Tod … Ich sah, wie unter dem zärtlichen Blick Gottes die dicke Schicht, die ihr Herz umgab, wie eine Wachsmaske dahinschmolz.

---

[17] In den »Grande-Récré«-Läden werden alle Arten von Disney-Figuren angeboten (Anm. d. V.).

Je mehr der Film Form annahm, je mehr Ärger bekam ich. Befreundete Priester und Nonnen hatten mich gewarnt: *Du arbeitest für Gott, mach dich darauf gefasst, dass du angegriffen wirst und alle möglichen Kämpfe durchstehen musst.* Sie hätten es nicht besser ausdrücken können, denn die Serie riss nicht ab. Die Vorbereitungen für den Film kamen in rasantem Tempo voran: Bereitstellen der Requisiten, Auswahl der Kostüme, Einteilung der Szenen des Drehbuchs, *Casting* usw. Ich zog alle Register, die mir zur Verfügung standen, und arbeitete an allen Fronten gleichzeitig. Die Proben mit den Schauspielern lagen mir besonders am Herzen. Dieser Film wurde mehr als jeder andere vom Gefühl getragen. Die Herausforderungen waren groß: Keiner der Schauspieler war gläubig. So musste ich alles von A bis Z zerpflücken und erklären. Wenn das Publikum die Personen als glaubwürdig empfinden würde, wäre alles gewonnen. Der Rest war nicht so wichtig. Ein Film ist etwas Physisches: Entweder man verkörpert die Figuren oder nicht. Wenn man anfängt, eine Szene in Details zu zerlegen oder seine Aufmerksamkeit auf die Beleuchtung zu richten oder auf den äußeren Rahmen, dann ist das ein schlechtes Zeichen.

15 Tage vor Drehbeginn

Mein Team und ich, wir bewegten uns wie kleine, fleißige Bienen um den Bienenstock »Kino«. Alles musste vorbereitet werden, koste es, was es wolle. Das Drehen eines Films ist eine Art Tsunami, der auf seinem Weg alles mit sich reißt, sodass nichts dem Zufall überlassen werden darf. Alles muss genauestens und sorgfältig bis ins kleinste Detail berechnet werden.

Obwohl ich fürchterlich betroffen war vom plötzlichen Tod meines Vaters und der radikalen Veränderung in meinem Lebens, die dieser Tod mit sich brachte – von einem Tag zum anderen musste ich mich als Familienoberhaupt erfinden –, machte ich trotz allem weiter, als ob nichts geschehen wäre. Der Regisseur muss alles dem »Gott der Dreharbeiten« unterstellen. Tatsächlich hätte ich, wenn es sich um einen anderen Film gehandelt hätte, die Arbeit gestoppt. Ich wäre bei meiner lieben Mama geblieben und hätte mich um sie gekümmert und mir Zeit zum Trauern genommen. Aber *La Mante Religieuse* war für mich immer mehr als nur ein Film. Es war für mich vor allem ein Akt des Glaubens und der Verwirklichung des Grundsatzes, Gott die erste Stelle einzuräumen.

Nach vierzehn Tagen und einigen Hundert Stunden Drehzeit für »die erste Klappe« erreicht mich einen Anruf meines Hauptdarstellers, der mich informierte, dass er sich entschieden habe, seine Rolle aufzugeben. Vor mehr als sechs Monaten hatte er sich dafür verpflichtet. Das Drehbuch ist wie ein Kleidungsstück. Ich hatte es sogar für diesen Schauspieler angepasst und einen Teil des Textes geändert. Er war, wie man im Showbusiness-Jargon sagt, ein Zugpferd. Durch ihn war ich auch für die anderen Profis vertrauenswürdig geworden. Das Ergebnis: Ich verlor wertvolle Unterstützer, darunter einen wichtigen Produzenten, der zu uns gestoßen war und der mich nun von einem Tag auf den anderen mit einem Film, bei dem die Dreharbeiten begonnen hatten, und mit Investoren, die nichts davon verstanden, sitzen ließ. Ich musste etwas unternehmen und das tat ich auch. Wieder einmal kam mir der Herr zu Hilfe: Er wechselte meine Rüstung aus und gab mir eine stärkere. Umgeben von seiner Allmacht war ich wie aus gehärtetem Stahl. Statt zusammenzubrechen – obwohl ich nicht mehr sicher war, ob ich den Film überhaupt drehen konnte –, war ich entschlossener denn je und mein Ehrgeiz ließ sich nicht beschränken. Sollte ich etwa jetzt, nachdem ich all die Schwierigkeiten bereits überstanden hatte, aufgeben, und nicht versuchen, diese enormen Schwierigkeiten zu überwinden!

Aber trotz meines guten Willens und meines Engagements mussten wir die Arbeiten unterbrechen und die Dreharbeiten verschieben – schließlich ist es schwierig, einen Film ohne Hauptdarsteller zu drehen … Es blieb mir nichts anderes übrig, als die Runde bei den Agenturen zu machen, um die männliche Hauptrolle neu zu besetzen. Zum Glück war Joanna, die Leiterin des *Castings*, an meiner Seite. Sie ist jung, leidenschaftlich und hat vor nichts Angst. Genau so jemanden brauchte ich. Nachdem wir die Nerven aller Agenten in Paris strapaziert hatten, fanden wir endlich »die kostbare Perle«: Marc Ruchmann.

Zu Beginn glaubte ich nicht, dass das etwas werden könnte. Für mich war er zu jung und es fehlte ihm an Erfahrung – nicht an Berufserfahrung, sondern an Lebenserfahrung. Er hatte in seinem jungen Leben noch zu wenig erlebt und gelitten, um die komplexe Persönlichkeit des Priesters David darzustellen. Unser erstes Treffen ist mir noch gut in Erinnerung: Ich hatte mich in einem Café am Boulevard Saint-Michel mit ihm verabredet. Als ich ihn draußen sitzen sah, dachte ich wie jede normal empfindende Frau: *Wow! Ein klasse Mann!* Als ich ihm gegenübersaß, fuhr er schwere Geschütze auf: sein Lächeln und sein unvergleichliches Grübchen … Aber der Profi in mir gewann rasch die Oberhand: *Er ist zu jung für die Rolle, ihm fehlt die Reife.* Nur wusste ich in dem Moment noch nicht, dass ich einen Psychopathen vor mir hatte, der nicht lockerlassen würde – quasi ein kleiner starker Saracco. Seine ersten Proben waren nicht besonders überzeugend. Wie ich es schon vorausgesehen hatte, mangelte es ihm an Glaubwürdigkeit und Tiefe. Er bat mich, weitere Proben anzusetzen. Seine Entschiedenheit, die Rolle um jeden Preis zu bekommen, bewegte mich schließlich. Ich gab ihm noch eine Chance und da, das muss ich gestehen, beeindruckte er mich stark! Selbst wenn er sich noch verbessern konnte, hatte er doch bereits alle unabdingbaren Charakterzüge, die für die Darstellung der schwierigen Persönlichkeit des Priesters notwendig waren, glaubhaft dargestellt. Die restlichen Zweifel, die mich zögern ließen, besiegte sein Grübchen im Kinn …

Heute danke ich Gott, dass die Dinge sich so entwickelt haben. Denn letztlich konnte nur er den Priester David in *La Mante Religieuse* darstellen: Marc, Marco, »Baba« für die engen Freunde. Er hat ein großes Herz und ist ein Schauspieler, der seinesgleichen sucht. Die Rolle eines jungen Priesters zu spielen, der kaum das Priesterseminar verlassen hat und voller Illusionen über sich und die Welt ist, das konnte leicht etwas abgedroschen wirken und war keineswegs einfach! Umso mehr, als seine Person sich im Lauf der Geschichte bis zu dem Punkt entwickelt, an dem er innere Qualen durchlebt. Ich bin stolz und glücklich, dass ich bei ihm Regie führen konnte. Dasselbe gilt für die anderen Schauspieler. Hier denke ich besonders an Mathilde Bisson – Erika im Film – mit ihrer betörenden Schönheit und Begabung. Mathilde ist eine geborene Schauspielerin, sie wird es noch weit bringen. Nicht zu vergessen Arben Bajraktaraj – ein wahrer Gentleman – und die bemerkenswerte Mutter Oberin, alias Geneviève Casile, ebenso wenig die perfekte und unausstehliche Madame Marguerite, Nicole Gueden, die in Wirklichkeit so reizend ist, und

Mylène Jampanoï, die als Isebel beeindruckt: eine katzenartige verrückte Person, gefährlich sinnlich, die andererseits auch etwas von einem verlorenen Kind an sich hat. Die Fachleute haben mir fast alle abgeraten, sie für diese Rolle einzusetzen. Sie haben sie als sehr schöne Frau wahrgenommen und nicht als Schauspielerin. Dieselben Leute, die mir dies gestern geraten hatten, beglückwünschten mich jetzt. Mylène hat in dem Film *La Mante Religieuse* ihr Herz erahnen lassen, und das Ergebnis ist mehr als überzeugend. Ich bereue nichts, ganz im Gegenteil.

Als Regisseur braucht man eine gute Portion Menschenkenntnis. Man reitet ein vollblütiges Araberpferd nicht auf die gleiche Weise wie ein französisches Reitpferd. Meine Art, Mylène zu führen, war ganz anders als die bei den anderen Schauspielern. Genau das begeistert mich an diesem Beruf: verschiedene Temperamente zu entdecken und zu führen, indem man ihre menschliche Tiefe zum Leuchten bringt. Wenn *La Mante Religieuse* für mich mehr als ein Film war, dann gilt dies auch für meine Schauspieler. Sie haben sich für Gott geöffnet und manche sind heute auf dem Glaubensweg. Marc sah man am Drehort nie ohne seine Bibel! Er verbrachte seine Zeit damit, die Psalmen zu beten. Nach den Dreharbeiten wollte Isebel dringend getauft werden. Aktuell weiß ich nicht, wie weit sie inzwischen ist. Was Mathilde betrifft, so besucht sie die Kapelle Unserer Lieben Frau von der Wundertätigen Medaille in der Rue du Bac und betet dort! All das liegt in den Händen des Allerhöchsten.

Wir sind wie der Sämann, aufgerufen, *die Saat zu säen,* der Rest ist seine Sache. Was die Dreharbeiten betrifft, so kann ich offen eingestehen, dass ich mich nicht zurückhielt. Pfeifen wir doch auf die alten Gebote des sakrosankten Laizismus! Vom ersten Drehtag an lagen die Karten auf dem Tisch: Ich hatte den *Rambo des lieben Gottes* gebeten, den Drehort zu segnen, und dem Team vorgeschlagen, sich uns anzuschließen. Von fünfzig Leuten sind fünf geblieben, die anderen sind weggegangen und haben von vornherein ihre Beine unter die Arme genommen. Es ist traurig, wenn man feststellen muss, welch schlechtes Image der katholische Glaube hat. Für viele ist die Kirche gleichzusetzen mit Unterdrückung und einem gefängnisartigen Glauben. Dazu haben die Regierung und die Medien viel beigetragen. Woher kommt dieser erbitterte Wille – im Namen einer Pseudofreiheit, die vielem ähnelt, nur nicht der Freiheit –, auf ein Einheitsdenken zu setzen, das darauf abzielt, die Religion von unserem Planeten zu verbannen? Woher kommt diese Verbissenheit, das Schöne und Wahre zerstören zu wollen und uns um jeden Preis vom Wesentlichen, von der »Wirklichkeit des Himmels«, zu »emanzipieren«?

Wir wissen, dass eine Gesellschaft, die keine Hoffnung mehr hat, dem Tod geweiht ist. Bereitet man uns auf einen kollektiven Suizid vor, oder worauf? Ohne Gott gibt es kein Leben, keine Sehnsucht, keine Liebe, und auch uns gibt es nicht ohne ihn. Unter der falsch lächelnden Maske des derzeit modischen Relativismus verbirgt sich in Wirklichkeit das Grinsen des Bösen. Aber um das wiederum zu erkennen, muss man gläubig sein.

Im Ernst, welche Zukunft will man uns bieten?

Los, ihr kleinen Menschen mit dem Herdentrieb, bekehrt euch zur Religion des Nichts! Dort braucht man keinen klaren Blick, im Nichts ist alles dunkel … Man braucht dort kein Herz, denn die Liebe ist daraus verbannt. Man braucht dort auch keine Familie, weil ihr mehrere Papas und Mamas habt. Es ist übrigens sehr praktisch, mehrere Eltern zu haben, weil man sie austauschen kann … Und warum soll man sie nicht ganz beseitigen? Mit den Föten geht man doch auch schon so vor … Und außerdem muss man sich nicht lieben, um Kinder zur Welt zu bringen: Wir sind in der Zeit der Reagenzgläser angekommen! Aber wer wird tatsächlich geprüft, das Reagenzglas oder wir?

Die neue gefräßige Religion des Nichts bekommt nicht genug davon, uns »menschlich« umzugestalten, indem sie einen Angriff auf die Bäuche unserer Mütter startet und uns gentechnisch veränderte Kinder liefert. Herzlich willkommen in der Welt der »Babys-à-la-carte«. Nach den VODs (Videos-on-demand) gibt es nun die BABs: (Babys-auf-Bestellung)! Es ist nicht mehr nötig, in die Dritte Welt zu reisen und sich ein Kind auszusuchen. Das wird man alles von zu Hause aus bestellen können. Für das Gemeinwohl wird das »Inter-nicht-net(t)« zur Verfügung stehen, um selbst unsere kleinsten Wünsche zu erfüllen! Zwischen zwei chemischen Pizzen, elektronischen Aufzeichnungsgeräten zum Ausspionieren der Nachbarn, einer Prämie für das Zu-Fall-Bringen seines Nächsten, einem kompostierbaren Roller, Gemüse, das auf der Basis von Recyclingmaterial entstanden ist, einer aufblasbaren Puppe made in Depri(mierten)-Land, die auftaucht, nachdem gerade der Auftrag zur Exekution der Großeltern gegeben wurde, die hinderlich wurden und zu viele Unkosten verursachten, bestellt man das »Neu-Geborene«. Und es ist dafür kein Name mehr nötig, denn wir alle werden eine Nummer tragen. Ach ja, warum nicht die 666?

»Herzlich willkommen im Land, in dem alles zunichtegemacht wird, in dem man den Tod in Auftrag gibt und das Leben ächtet!«

Aber ihr könnt beruhigt sein: In diesem neuen Vaterland wird es keine Gewissensbisse mehr geben, weil es keine Seele mehr geben wird. Welch eine Erleichterung, oder?

Ich persönlich sehne mich nicht danach, denn ich mag viel lieber die guten alten, großmütterlichen Rezepte, die uns empfehlen, das Leben nach der Bibel auszurichten und diesen Gott zu suchen, der nicht aufhört, bei uns zu sein.

Das Projekt wird realisiert!

Achtung Aufnahme. Jetzt geht's los.

Erster Drehtag: Meine Mutter stürzt und bricht sich vier Rippen. Etwas isoliert und allein zu Hause hat sie meine Rückkehr am Abend abgewartet, um aufstehen zu können. Die arme Frau verliert innerhalb von wenigen Monaten alle, die sie liebt: ihren Mann – die beiden trennten sich nie –, die beiden Hunde, die zur Familie gehörten und die im Abstand von nur wenigen Wochen einer nach dem anderen starben – übrigens weiß niemand, woran – und zum Schluss noch mich! Auch wenn ich nicht gestorben bin, so war ich doch verschwunden. Ich war eine Gefangene des Films und konnte den Drehort nicht verlassen.

Ich muss gestehen, dass sie das Kreuz von *La Mante Religieuse* mit mir zusammen getragen hat. Zum Glück ist sie sehr gläubig, sodass sie durch Gott den Kopf über Wasser halten konnte. Deshalb übrigens sind wir einander so nah, unsere »Verbindung« heißt Gott. Ich habe immer gedacht, dass Menschen in Wesenskategorien wie die Tiere in Gattungen eingeteilt seien: die Wölfe zu den Wölfen, die Lämmer zu den Lämmern. Die biologische Familie ist das eine und die Herzensfamilie das andere. Aber wenn beides miteinander übereinstimmt, ist das einfach wundervoll! So ist es mit Mama und mir. Ich danke Gott für dieses schöne Geschenk.

Über die Dreharbeiten möchte ich mich nicht endlos auslassen, sondern nur feststellen, dass ich aus vielen Gründen, die nur Gott und Bruder Samuel kennen, schwere und schmerzliche Momente erlebt habe. Deswegen habe ich übrigens versucht, so oft wie möglich am Drehort anwesend zu sein. Angesichts der ständigen, täglichen dämonischen Angriffe holte der *Rambo des lieben Gottes* seinen riesigen Rosenkranz heraus und betete ohne Unterlass. Es war traumhaft, mit anzusehen, wie dieser Mönch mit seiner Kutte am Set auf und ab ging inmitten der Projektoren, Kabel und Mikros. Am Anfang war dies für das Team ziemlich fremdartig und ich bekam die verschiedensten Bemerkungen zu hören: Nach und nach gewöhnten sie sich an ihn. Am Ende waren manche beunruhigt, wenn er nicht da war. Tatsächlich gab seine Gegenwart Sicherheit – in Wirklichkeit jedoch wirkte Gott durch ihn. Bruder Sam war eine kostbare Unterstützung. Ohne ihn hätte ich niemals alles durchgestanden. Ich werde ihm nie genug dafür danken können. Die Drehbedingungen waren mehr als schwierig. Da es mir an finanziellen Mitteln fehlte, musste ich in 33 Tagen einen Film drehen, der die doppelte Drehzeit verdient hätte. Im Durchschnitt machte ich drei Aufnahmen pro Einstellung. Den Luxus zu trödeln konnten wir uns nicht leisten. *Time is Money.* Besonders beim Film.

Seit Beginn des Abenteuers hat ein echter spiritueller Kampf um den Film getobt und das hat sich bis heute fortgesetzt. Der Teufel hat alles versucht, um mich zu verunsichern und die Fertigstellung zu verhindern. Ich bin auf allen Ebenen angegriffen worden und es hat auch keine Ruhepause für mich gegeben. Aber Gott sei Dank habe ich niemals das Vertrauen verloren. Ganz im Gegenteil, habe ich mir gesagt, wenn *La Mante Religieuse* und ich derart in der Schusslinie stehen, dann müssen wir von Interesse sein. Die Prüfungen und Schwierigkeiten haben bei mir bewirkt, dass ich mich noch mehr in die Arme Gottes und seiner heiligen Kirche geworfen habe. Genauso wie bei einem Paar. Die Liebe – die wahre – zeigt und vertieft sich, wenn man gemeinsam schmerzliche Zeiten durchsteht. Das größte Leid – nach dem Tod von Papa – hat eine einzige Person verursacht, die von Anfang bis zum Ende der Dreharbeiten, bis zur Erstellung der letzten Kopie, dem *DCP*[18], präsent war und sogar noch danach.

Ich musste einen echten Kreuzweg auf mich nehmen. Diese Person hat mir sehr großes Leid zugefügt: menschlich, psychisch und beruflich. Einmal war ich wirklich erschüttert. Und es ist einiges nötig, um mich zu erschüttern. Aber das war einfach zu viel. Ich erinnere mich, dass ich eines Tages mitten in den Dreharbeiten zusammengebrochen bin. Ich konnte nicht mehr und verließ das Set, um allein zu sein. Bruder Sam, der mich nie aus den Augen und aus seinem Rosenkrankgebet gelassen hat, ging mir nach. Abseits, gegen eine Mauer gelehnt, vergrub ich mein Gesicht in den Händen und weinte wie ein kleines Mädchen, das seine Katze verloren hat.

»Ich kann nicht mehr, ich höre auf, mit allem!«, stammelte ich zwischen zwei Schluchzern.

»Was soll das heißen, du hörst mit allem auf? Ganz sicher nicht!«

Keine Antwort meinerseits.

»Komm«, sagte er mit einer weichen, väterlichen Stimme und nahm mich in den Arm.

»Lass mich«, antwortete ich und machte mich los.

»Kommt nicht infrage!«

---

[18] *Digital Cinema Package (DCP)* ist eine digitale Filmkopie zur Vorführung im Kino (Anm. d. V.).

»Aber Menschenskind, verstehst du es nicht? Ich habe die Schnauze voll, ich höre mit allem auf! Und das ist nicht verhandelbar.«

»Aha«, antwortete er mit einer merkwürdig ruhigen Stimme, »das ist nicht verhandelbar?«

Sein Blick wurde kalt.

»Hör mir gut zu, man lässt Gott nicht fallen. Wenn der Herr dir diesen Auftrag anvertraut hat, dann weiß er, dass du in der Lage bist, ihn auszuführen. Und ich bitte dich weiterzumachen!«

Seine »himmlische Autorität« hat mich wie einen Pfannkuchen gewendet. Durch seine Worte richtete sich die Stimme meines viel geliebten Herrn an mich. Auf der Stelle hörte ich auf zu weinen. Jesus hat meine Tränen getrocknet und ich bin zurückgekehrt und war entschlossener denn je, diesen verflixten Film zu Ende zu bringen. Wie ein kleiner Bleisoldat sagte ich: »O. k., Chef«, trug frischen Lippenstift auf und ging los, um das Set im Sturm zu erobern! Was diese dermaßen böswillige Person betraf, die mir so wehgetan hatte: Sie musste nun ganz unglücklich und enttäuscht sein, denn sie hatte so sehr versucht, mir zu schaden. Damals war ich angesichts ihrer Machenschaften und Verleumdungen empört. Ich träumte nur noch davon, einen Zauberstab zu finden und sie in eine Kröte zu verwandeln – wenigstens käme dann ihre Seele hörbar durch ihr Maul zum Ausdruck –, aber heute bin ich ihr nicht mehr böse. Ich habe ihr verziehen, obwohl sie mich niemals um Verzeihung gebeten hat, ganz im Gegenteil. Wenn sie zu mir käme, würde ich sie mit offenen Armen empfangen, wie das Heiligste Herz Jesu es wünscht. Sagt Jesus zu uns nicht, dass es besser ist, seine Angelegenheiten während des Lebens zu regeln? *Schließ ohne Zögern Frieden mit deinem*

Gegner, solange du mit ihm noch auf dem Weg zum Gericht bist. Sonst wird dich dein Gegner vor den Richter bringen, und der Richter wird dich dem Gerichtsdiener übergeben, und du wirst ins Gefängnis geworfen. Amen, ich sage dir: Du kommst von dort nicht heraus, bis du den letzten Pfennig bezahlt hast (Mt 5,25–26).

Zurück zum Set: Giovanni, mein italienischer Chefkameramann, hatte gerade die letzten Einstellungen für die Beleuchtung vorgenommen. Alles war *bene,* um mit der neuen Folge zu beginnen. Los geht's, Giovanni, gib Gas! Allein schon sein Name erinnert so schön an Italien: *Giovanni Fiori Coltellacci.*

Nie werde ich unsere erste Begegnung vergessen, es war surrealistisch. Man hätte glauben können, wir wären in eine italienische Komödie der 70er-Jahre versetzt worden. Ich habe ihn einige Zeit vor Drehbeginn kennengelernt, als ich auf der Suche nach Finanzmitteln war. Giovanni lebt in Rom. Er verbringt jedoch die meiste Zeit wie eine Feder im Wind überall auf der Welt entsprechend den Filmen, die gedreht werden. Dieser Mann ist ein echter Maestro wie aus den alten Zeiten. Er hatte bei Fellini, Visconti usw. Kurse belegt und von ihnen gelernt. Kein Kommentar dazu. Später arbeitete er bei Filmen mit wie *Der Name der Rose* oder *Wolf* mit Jack Nicholson und Michelle Pfeiffer. Ich habe Himmel und Erde in Bewegung gesetzt, schließlich seine Handynummer erhalten und ihm auf den Anrufbeantworter gesprochen, indem ich eine selbstsichere *ragazza*[19] spielte. Zwei Tage später rief er zurück und wir haben uns zum Essen verabredet. Man muss bedenken, dass mein lieber Film-Maestro eigentlich nie in Paris und mehr als ausgebucht ist. Als ich im Restaurant

19 »Mädchen« (Anm. d. V.).

ankam, war Giovanni noch früher dran und schon da. Er ist nicht sehr groß, hat einen olivfarbenen Teint, einen Schalk in den Augen und eine wilde Haarmähne. Gekleidet war er mit einer roten Lederjacke. Ich betrachtete ihn einen kurzen Augenblick und dachte mir:

Yes, das wird sich machen lassen! So wie er aussieht, wird er das Drehbuch mögen: Er ist sympathisch, Italiener – ein Land, in dem die Religion noch etwas bedeutet – und er gehört zu der Generation, die das Heilige noch achtet.

Wir waren sofort auf einer Linie. Er erzählte mir Aufnahme-Anekdoten über Sean Connery, Jack Nicholson, seine ersten Schritte bei Fellini usw. Für mich als junge Regisseurin war das faszinierend! Er redete lange und begeistert und wie ein echter Italiener setzte er dazu auch seine Hände ein.

Nach einiger Zeit sprang ich ins kalte Wasser und stellte ihm die schicksalhafte Frage:

»Giovanni, glauben Sie an Gott?«, frage ich mit meiner rauen Stimme und setze mich aufrecht hin.

Für mich gab es gar keinen Zweifel, dass dieser Mann an Gott glaubte und sich jeden Sonntagmorgen am Petersplatz einfand, bevor er seinen Teller Spaghetti verschlang. Er hatte gerade den Kopf voll konzentriert über seinen Teller gebeugt – ein Nudelgericht – und erstickte beinahe. Langsam hob er den Kopf, wischte sich bedächtig die Mundwinkel ab und sagte zu mir mit dem finsteren Blick eines Don Corleone, der sich darauf vorbereitet, einen Verräter zu erschießen:

»Nein. Ich glaube nicht an Gott.«

Plötzlich wurde er scharlachrot und sein Gesicht schwoll an. Es sah aus, als würde er gleich explodieren. Die kleine, selbstsichere Regisseurin, die ich bislang gewesen war, veränderte sich ebenfalls: Von der stolzen Silvana

Mangano[20] verwandelte ich mich in Mimie Mathy[21], die jede Sekunde zehn Zentimeter kleiner wurde. Ich erlebte die schlimmste antiklerikale Anklage der ganzen italienischen Geschichte mit. Giovanni war »ein Roter« und sah rot. Er begann seinen Monolog, indem er sagte, dass man *una bomba al Vaticano*[22] werfen müsste, und schloss damit, ein Blutbad mit einem Maschinengewehr zu imitieren! Am Ende seiner Beschimpfungen war ich beinahe unter dem Tisch verschwunden. Nachdem er sich gründlich über unsere arme Kirche ausgetobt hatte, aß er seinen Teller Nudeln auf, als ob nichts gewesen wäre. Ich dagegen öffnete den Mund nur noch, um Alkohol in mich hineinzuschütten. Meine Hoffnungen brachen auf der Stelle zusammen: Dieses Genie von Kameramann, dieser Lichtzauberer, glitt mir aus den Händen. Wie hätte er sich für einen Film interessieren können, der »die Kirche gut darstellt« und einen Priester zeigt, der einer fleischlichen Versuchung widersteht? Wenn es ein Priester wäre, der mit Drogen handeln würde oder pädophil wäre, klar, das wäre kein Problem, aber dieser hier. Die Frage, ob ich ihm mein Skript geben dürfte, stellte sich für mich nicht mehr. Nach dem Essen begleitete er mich freundlicherweise zu einer Taxistation. Beim Einsteigen sagte er zu mir:

»*Il scripto,* gib es mir bitte.«

Oh Jammer und Not, er hat es nicht vergessen! Es war, als ob ich statt der Hände nur noch über Fausthandschuhe verfügte, von denen jeder 100 Kilo wog! Mit übermenschlicher Anstrengung übergab ich mein Baby dem roten Ungeheuer.

---

[20] Bekannte italienische Filmschauspielerin (Anm. d. V.).

[21] Kleinwüchsige französische Komikerin (Anm. d. V.).

[22] »Eine Bombe auf den Vatikan« (Anm. d. V.).

Vom vernünftigen Standpunkt aus betrachtet – was bei mir einmal in zehn Jahren vorkommt – glaubte ich nicht mehr an ein gutes Ende, doch tief in mir flackerte noch ein kleines Licht. Die Zeit verging und ich erlebte ein romantisches Abenteuer mit meinem Telefon. Mein Handy und ich, wir wurden unzertrennlich wie die Turteltäubchen. Wir machten alles gemeinsam, die Einkäufe, die Toilette, nahmen Mahlzeiten gemeinsam ein usw. In dem Augenblick, als mein Handy und ich beschlossen hatten, etwas auf Abstand zu gehen, um wieder etwas Luft zu bekommen, rief Giovanni an und hinterließ eine Nachricht. Ich griff zitternd zum Hörer.

»Hallo, Natalie? Hier ist Giovanni … Ich habe gerade *il scripto* gelesen, ma[23]… wie sagt ihr gleich auf Französisch? *Sono … sono emotionato!*[24] Ruf mich zurück, sobald du *il message*[25] abhörst.«

Wir treffen uns in einem Café, er hält mein Baby unter dem Arm. Es sieht gut aus und ist nicht zerfetzt. Wir lassen uns an einem etwas zurückgesetzten Tisch nieder.

»Also, Natalie, wie dir bereits mitgeteilt, habe ich *il scripto* gelesen und … und … es hat mir sehr gut gefallen. Das ist ein sehr sensibler Film, ein tiefgründiges Werk. Mir sind sogar die Tränen gekommen.«

Ein italienischer Macho, der so etwas sagt: *Mir sind sogar die Tränen gekommen.* Man hat schon alles erlebt. Was hat ihm wohl gefallen, diesem »Pfaffenjäger«? Hat der Engel des Herrn ihn heimgesucht?

---

23 »Jedoch« (Anm. d. V.).

24 »Ich bin bewegt, berührt« (Anm. d. V.).

25 »Nachricht« (Anm. d. V.).

Umgeben von einem finsteren Loch des Nichtverstehens reiße ich die Augen auf wie zwei fliegende Untertassen.

»Aber Maestro, ich verstehe es nicht. Dieser Film handelt von Gott!«

»Nein«, antwortet er sanft, »er handelt von der Liebe.«

Ich war glücklich, dass Giovanni meine Arbeit schätzte, aber zugleich schrecklich traurig. Wieder einmal erschien unser Herr als Bösewicht, wieder einmal machte eines seiner Geschöpfe eine Unterscheidung zwischen ihm und der Liebe, während er doch gerade die Quelle der Liebe ist.

Jesus, ich verstehe mehr und mehr, warum dein Herz weint. Ganz egal, ob ich als Klassenschlechteste, als Königin unter den spirituellen Versagern betrachtet werde, so werde ich doch mein Leben damit verbringen, deine Liebe zu uns zu verkünden, und Pech oder Glück für diejenigen, denen ich auf meinem Weg begegne!

Der Eifer für dein Haus, Herr, verbrennt und verschlingt mich.

Was hatte ich da gesagt! Wenn man weiß, dass es besser ist, seine Zunge siebenmal im Mund herumzudrehen, bevor man etwas sagt, dann muss man sie vor dem Herrn siebenmal siebzigmal herumdrehen! Gott ist vielleicht – für das bloße Auge – unsichtbar, aber er ist nicht taub! Man kann nicht behaupten, dass mein Erlebnis vorbei war und sich erledigt hätte. Ich konnte keine Minute mehr verbringen, ohne an ihn zu denken und darüber zu sprechen. Ganz so wie heute. Seine Liebe brennt in meinem Innersten. Und das ist noch nicht alles, da ich immer mehr davon will, auch wenn ich schrecklich Angst habe und nicht weiß, wohin mich das führen wird: *Wer mein Jünger sein will, der verleugne sich selbst, nehme sein Kreuz auf sich und folge mir nach* (Mk 8,34). Ich habe keine Wahl. Auf jeden Fall gibt es keine Wahl, wenn man wirklich liebt.

Der Herr sagt: *Ich kenne deine Taten. Du bist weder kalt noch heiß. Wärest du doch kalt oder heiß! Daher, weil du lau bist, weder heiß noch kalt, will ich dich aus meinem Mund ausspeien* (Offb 3,15–16). Da ich zweifelsohne alles andere als lau bin, bin ich für ihn so interessant. Mein leidenschaftliches und über das Ziel hinausschießendes Naturell, meine Sehnsucht, immer weiterzugehen und die Grenzen weiter zu verschieben, findet in ihm seinen Widerhall. Der heilige Augustinus irrt sich nicht, wenn er sagt: *Die größten Sünder können die größten Heiligen werden!* Er spricht von Menschen, die sich für das Absolute begeistern. Begeistert für das Absolute, das trifft auf mich zu, vielleicht bin ich deswegen immer noch nicht »unter der Haube«.

Eine kleine Geschichte für unterwegs: Vor einigen Jahren war ich bei der Einkleidung einer Freundin, die ins Kloster ging und Nonne wurde. Bevor sie in den Orden eintrat, war diese junge, sehr hübsche Frau Schauspielerin. Ich lernte sie kennen, als sie Novizin war, und wir spürten bereits bei dieser ersten Begegnung Sympathie füreinander. Sie erzählte mir, dass sie niemals ohne ihren Rosenkranz zu den *Castings*[26] gegangen sei und dass sie vorher immer gebetet habe. Nun war ich in der Kirche, um an ihrer Hochzeitsfeier mit Jesus, ihrem Bräutigam, teilzunehmen. Nach der Feier ging die Mutter Oberin die Bankreihen entlang mit einem Korb voll kleiner Zettelchen, die zusammengefaltet waren. Lächelnd forderte sie die Schäfchen auf, eines dieser gefalteten Zettelchen zu entnehmen. Ich

---

[26] Verfahren zur Auswahl von Darstellern für künstlerische Produktionen (Anm. d. V.).

war an der Reihe: *Schnell, ich muss mich konzentrieren, es ist völlig ausgeschlossen, dass ich den Herrn irgendetwas Unbedeutendes frage. Ich werde ihm eine echte Frage stellen, eine, die mir seit Jahren keine Ruhe lässt: »Herr, wann werde ich endlich dem Mann meines Lebens begegnen? Muss ich noch lange warten?«*

Wie ein Körper, der nahe am Verdursten ist und sich brennend eine Oase herbeisehnt, tauchte mein ganzes Wesen in den Korb ein. Ich griff zufällig nach einem kleinen Zettel und öffnete ihn, während mir die Mutter Oberin neugierig zuschaute:

Meine Tochter, sei geduldig und höre aufmerksam auf die Lehre deines göttlichen Gemahls.

Was sollte das nur bedeuten? Das ergab keinen Sinn. Dieses Wort war an eine Ordensschwester gerichtet, nicht an mich!

Die Mutter Oberin ließ mich nicht aus den Augen und wartete am Ausgang der Kirche auf mich. Ich bemerkte genau, dass sie nach mir Ausschau hielt, aber da es keinen anderen Ausgang gab, blieb mir nichts anderes übrig, als an ihr vorbeizugehen. Sie stürzte sich auf mich, als hätte ich bei einer Polizeikontrolle keine Papiere bei mir gehabt.

»Und, meine Kleine«, sagte sie mit schelmischem Blick, »worauf bist du gestoßen?«

Diese Schwester und ich, wir mochten uns, und daher machte sich dieser Schelm von Nonne eine diebische Freude daraus, mich in Verlegenheit zu bringen.

»Worauf soll ich gestoßen sein?«, fragte ich höchst scheinheilig.

Unter diesem Druck ließ ich meinen Zettel schließlich los und reichte ihn ihr. Die Spitzbübin las den Spruch und fing zu lachen an.

»Es scheint, dass er dich für sich will«, sagte sie mit einer gewissen Ironie und sogar einem Anflug von Sadismus.

»Alles ist möglich«, antwortete ich, hob meine Schultern und blickte zum Himmel hoch wie eine Comicfigur.

»Nein, wirklich, ich habe keinerlei Berufung. Ich bin zu hektisch und kann es nicht leiden, eingesperrt zu sein! Und außerdem hatte ich immer ein Problem mit der Disziplin. Schon wenn ich mich verpflichtet fühle, etwas Bestimmtes zu tun, verliere ich die Lust daran. Als ich aufgehört habe zu rauchen, ging ich ein Jahr lang mit einem Päckchen Zigaretten in der Tasche spazieren, ohne es jemals zu öffnen. Ich hatte dieses Päckchen Zigaretten immer bei mir. Eines Abends ging ich jedoch ohne meine Glimmstängel aus dem Haus. Am Boden zerstört fuhr ich durch ganz Paris auf der Suche nach einem offenen Tabakladen. Mit dem Päckchen Zigaretten in der Tasche konnte ich den Abend fröhlich verbringen, ohne eine einzige Zigarette anzurühren. Also ehrlich, liebe Schwester! Die Klosterregel und all das, nein, wirklich nicht!«

Nach einigen Jahren, in denen sie treu dem Orden gedient hatte, wurde die Mutter Oberin in ein anderes Kloster versetzt. Kaum war sie dort angekommen, beeilte ich mich, die neue Mutter Oberin zu fragen, ob sie sich mich als Ordensschwester vorstellen könnte. »Überhaupt nicht, meine Kleine«, antwortete sie, »das ist nicht deine Berufung.« Endlich eine intelligente Nonne.

Aber ich muss zugeben, dass diese Frage mir eine Zeit lang durch den Kopf ging. Bereits seit einigen Monaten arbeitete ich nicht mehr. Die Beteiligung an einem Film sieht so aus: Entweder man arbeitet pausenlos oder man macht gar nichts.

Einige Zeit vor meinem Unfall und meiner Begegnung mit dem Heiligsten Herzen Jesu habe ich eine Novene zur Jungfrau Maria gebetet mit der Bitte um Klarheit darüber, was ich nach dem Willen des Herrn tun sollte.

Mutter, soll ich mit dem Filmen weitermachen, ist das wirklich meine Berufung oder aber – oh Schreck! – möchte der Herr, dass ich in ein Kloster eintrete? Am Ende der Novene angekommen mache ich das Kreuzzeichen und mein Handy klingelte.

»Hallo, ich möchte mit Natalie Saracco sprechen«, hauchte eine zarte, leise Stimme.

»Am Apparat«, antwortete ich automatisch.

Plötzlich verwandelte sich die Stimme in einen Tenor, der mich zusammenzucken ließ.

»Hier ist die Sendung ›Der Tag des Herrn‹! Wir haben Ihren Kurzfilm *Es war einmal* gesehen und er hat uns sehr gut gefallen. Wären Sie bereit, ein Drehbuch von fünfzehn Minuten zum Thema »Vatertag« zu schreiben? Natürlich würden wir Ihnen die Regie übertragen.«

Ich fiel aus allen Wolken, das war gewaltig! Gerade hatte ich die Novene zur Jungfrau Maria beendet, um Sicherheit darin zu bekommen, ob es der Wille des Herrn ist, dass ich als Regisseurin arbeite, und schon antwortet er mir direkt durch den »Tag des Herrn«! Plötzlich kam ich auf die Idee, dass ein Freund mir einen Streich spielen wollte.

»Ja, mein Liebling«, antwortete ich herausfordernd und kurz angebunden.

Diese Bande ist wirklich zu allem bereit!, murmelte ich. *Warte, ich werde noch eins draufsetzen.*

»Ist gut, Liebling, ich habe dich erkannt! Du hast mir auch gefehlt. Wahnsinnig.«

»Oh … oh … ich glaube, Sie täuschen sich«, sagte der Mann verlegen.

Also war es doch wahr und kein Scherz? Ich habe mich wieder gefangen, so gut es ging, und ich habe den Film gedreht, der sehr erfolgreich wurde. Der Kurzfilm *Kinderreiche*

Familie mit Annie Cordy – eine Wucht! – katapultierte mich von einem Tag auf den anderen in den Kreis der siebten Kunst[27], und ich sollte ihn nicht mehr verlassen.

Wenn ich wieder daran zurückdenke, kann ich nur feststellen: Gott ist fantastisch! Er ist immer für uns da. Das Problem besteht darin, dass wir unsererseits oft taub und blind sind und ein verschlossenes Herz haben, um seine Gegenwart wahrzunehmen.

Auf jeden Fall funktionieren Novenen noch schneller als E-Mails. Und sie haben das Feuer Gottes in sich!

Ich möchte dieses Kapitel schließen mit Anekdoten aus den Dreharbeiten von *La Mante Religieuse:*

Einige Wochen vor dem Ende mussten wir in einer Kapelle drehen. Ich hatte wohl daran gedacht, befreundete Nonnen zu bitten, die Aufnahmen in ihrem Kloster machen zu dürfen, aber die Vorstellung, dass sie das stören könnte, hat mich schnell davon abkommen lassen. Wie man es auch immer betrachten will, so ist die Anwesenheit eines Filmteams immer eine Belästigung. Und für die Gottgeweihten ist es nicht gerade optimal. Seit Beginn der Aufnahmen waren wir auf der Suche nach einer passenden Kapelle, aber keine sagte uns zu. Ich war nicht beunruhigt, sondern überzeugt, *Gott wird dafür sorgen.* Die Zeit verging und wir hatten nur noch eine Woche bis zum Ende der Dreharbeiten. Der Regieassistent zeigte mir Fotos von Kapellen an anderen Orten, die passen könnten. Endlich fand ich eine kleine Kirche, die für die Aufnahme geeignet schien. Wir baten um die Dreherlaubnis. Sie wurde

---

27 Gebräuchliche Bezeichnung für den Film als eine eigenständige Form künstlerischen Ausdrucks (Anm. d. V.).

uns jedoch verweigert. Katastrophe, es blieben nur noch einige wenige Tage bis zur Aufnahme und immer noch kein Drehort in Sicht! Man schlug mir flüsternd vor, die Szene neu zu schreiben, um sie der nun entstandenen Zwangslage durch den Zeitdruck anzupassen. Im Klartext: Die Szene sollte nicht mehr in einem Kloster spielen, sondern an einem ganz anderen Ort. »Eine freie Fläche vielleicht? Warum nicht ein Vergnügungspark, wenn schon geändert werden muss?!« *Kommt nicht infrage, ich werde kein Komma ändern.* Die Aussagekraft dieser Szene bestand genau darin, dass sie sich in einem Karmelitenkloster abspielte. Man sieht in dieser Szene, wie die angeschlagene Heldin zum ersten Mal von Gott ergriffen wurde. Angezogen vom Gesang der Karmelitinnen wie Odysseus vom Gesang der Sirenen verliert Isebel jegliche Kontrolle über sich und fängt an, auf ihr Herz zu hören. Übrigens hat diese Szene mehr als einen der Zuschauer berührt. Die Tatsache, dass sie sich in einem Kloster abspielt, hat einen Grund.

Es summte und brummte wie in einem Bienenstock. Nichts ließ sich klären. *SOS, Herr … Hilf mir, mein Gott, alles ist verschlossen. Nur du kannst uns da heraushelfen.* Wie üblich zog ich mich auf meinen Berg zurück – oft auf die Toilette, weil kein anderer ruhiger Ort vorhanden war –, um zu beten. Im allerletzten Moment stolperten wir über den dringend gesuchten Drehort!

Für die Regisseurin ist es Liebe auf den ersten Blick: Hier und nirgendwo anders wird gedreht. Der Ort, der uns seine Tore weit offen hält, ist kein anderer als die Martyriumskapelle von Montmartre! Ich habe ihre Geschichte nicht gekannt. Bruder Samuel hat sie mir erzählt. Ich wusste einzig und allein, dass dieser Ort von Licht und guter Energie erfüllt war. Er hat eine ganz besondere Ausstrahlung und der Grund hierfür liegt lange zurück: Genau an diesem Ort wurde im dritten Jahrhundert der heilige Dionysius enthauptet. Viele Menschen, die Gott suchen, wurden aus der ganzen Welt von diesem heiligen Ort angezogen, von den Königen bis zu Johanna von Orléans, außerdem eine große Anzahl von Heiligen, darunter die heilige Therese von Lisieux. Selbst Ignatius von Loyola und seine vier Gefährten legten hier am 15. August 1534 ihre Gelübde ab und gründeten damit den Jesuitenorden. Die Martyriumskapelle von Montmartre symbolisiert das Herz der Evangelisierung. Von dort sind viele Christen aufgebrochen, um die Frohe Botschaft bis an alle Enden der Welt zu tragen. Diese Kapelle liegt auf einer Linie mit der Sacré-Cœur-Kirche[28] von Montmartre. Offensichtlich konnte der Herr keinen besseren Drehort finden. Besonders für seine verliebte Regisseurin, die ihm ihren Film geweiht hatte. Kaum war die Szenenfolge beendet, brach ein Brand in einem anliegenden Keller aus. Wir mussten unser Material in Eile wegschaffen. Die Feuerwehrleute riegelten das Stadtviertel bis zum Abend ab.

Bei den Dreharbeiten zum Film *La Mante Religieuse* geschahen auch merkwürdige Dinge. Wie damals, als wir in der Abbaye de Royaumont unter praller Sonne drehten. Der Himmel in strahlendem Licht mit einem lupenreinen Blau erinnerte mich an meinen heimatlichen Süden. Es war ungefähr zwölf Uhr, als plötzlich über unseren Köpfen ein riesiger Regenbogen erschien, obwohl kein Tropfen Regen gefallen war. Das Merkwürdigste war, dass dieser Regenbogen seitenverkehrt zu sehen war, als läge er auf dem Rücken. Aber noch erstaunlicher war, dass ein zweiter »normaler« Regenbogen sich über den ersten seitenverkehrten

[28] »Heiligste-Herz-Jesu-Kirche« (Anm. d. V.).

legte und die beiden das antike Zeichen des Fisches, das Kennzeichen der Christen, bildeten. Überrascht durch dieses eigenartige Phänomen suchten mich einige Leute aus dem Team auf. Obwohl sie mich sonst oft neckten, bekamen sie es nun mit der Angst zu tun. Eine von ihnen sagte zu mir: »Dein Gott zeigt sich dir!« Eine andere: »Das ist der Fisch der Christen, der dich grüßt.« Noch eine andere: »Das ist das Ende der Welt, Paco Rabanne hat es vorausgesagt!«

»Wenn es das Ende der Welt ist, meine Freunde, dann ist keine Zeit zu verlieren: Bekehrt euch!«, antwortete ich schelmisch.

Trotzdem hat der Himmel an diesem Tag mehr als eine Person beeindruckt. Wenigstens war ich einmal nicht die Einzige, die so etwas sah.

Ich erinnere mich auch an eine sehr niedliche Geschichte, die Marc Ruchmann betraf. Sie spielte sich in der Kirche Saint-Séverin mitten im Quartier Latin ab. Ich war gerade mit der letzten Einstellung im Inneren der Kirche fertig und bereitete mich auf die Außenaufnahmen vor, als mein fassungsloser Assistent mich darauf aufmerksam machte, dass ein sintflutartiger Regen eingesetzt hatte und wir deswegen unmöglich außen drehen konnten … Sofort eilte ich hinaus: Es regnete nicht nur in Strömen, sondern der dunkle, bleierne Himmel ließ kein Licht mehr durchkommen. Es war undenkbar, die Kamera draußen aufzubauen, noch weniger die elektrischen Kabel und das Filmmaterial außen einzusetzen. Mein guter Giovanni bestätigte: *É impossibile … impossibile? No capito.*[29] Es war nicht möglich,

[29] »Das ist unmöglich … unmöglich. Ich verstehe es nicht« (Anm. d. V.).

diese Aufnahme auf den nächsten Tag zu verschieben, da wir den Drehort wechseln mussten. Unter den entsetzten Blicken des Teams – ich glaube mit dem zeitlichen Abstand von heute wirklich, dass sie mich für verrückt gehalten haben – traf ich die Entscheidung, dass wir die Ausrüstung montieren und den Szenenaufbau machen sollten, als ob uns nichts daran hindern würde. Wir verfügten über sehr große Sonnen- und Regenschirme, die ausreichten, um einen entsprechenden Schutz zu bieten. *Va bene*[30]… Wieder einmal wusste ich, dass »der gute Jesus, den ich so sehr liebte«, uns da heraushelfen würde. Wie kleine Ameisen, die unter unseren Schirmmützen und Regenjacken verschwanden, beeilten wir uns, alles vorzubereiten für den Fall, dass … Aber der ganze Himmel hatte sich noch immer gegen uns verschworen. Michelle, die Visagistin, und Bettina, die Frisöse, – Perlen von Freundlichkeit und Talent – suchten Marc überall, aber er war unauffindbar, während der Himmel seinen Missmut verdoppelte. Ich entschloss mich, in die Kirche zurückzugehen, um dort zu beten. Hinten im Kirchenschiff bemerkte ich Marcs Silhouette. Ich näherte mich auf Zehenspitzen und betrachtete ihn einen Augenblick. Er war in eine weiße Albe[31] gekleidet, hielt die Hände gefaltet und schaute fest nach vorne. *Dieser Schauspieler hat eine unglaublich gute Konzentration!*, dachte ich. Aber als ich ihn näher betrachtete, bemerkte ich, dass sein Ausdruck ein anderer war. Er schien nicht mehr er selbst zu sein.

---

[30] »Also gut« (Anm. d. V.).

[31] Die Albe, traditionell von Priestern als Untergewand beim Gottesdienst getragen, ist heute auch für jene vorgesehen, die beim Gottesdienst einen besonderen Dienst versehen, z. B. Ministranten, Lektoren und Kommunionhelfer (Anm. d. V.).

»Marc … Marc …«, flüsterte ich.

Keine Antwort, ich wollte nicht aufgeben.

»Hey, Marc, hallo? Bist du hier?

»Ja«, antwortete er, ohne mir auch nur einen Blick zuzuwerfen.

»Was machst du?«

»Ich bete.«

»Warum betest du?«

»Ich bete dafür, dass der Regen aufhört, damit wir drehen können.«

Im gleichen Augenblick kam der Regieassistent angerannt und stolperte beinahe.

»Schnell! Schnell! Wir müssen dringend mit dem Dreh beginnen, der Regen hat aufgehört. Es hat sich sogar ein Sonnenstrahl gezeigt!«

»Film ab – Handlung!« Ich drehte die vorgesehenen Szenen, alles lief wie am Schnürchen. Direkt nachdem ich *Ende* gesagt hatte, fing ein neuer Platzregen an.

Es gab viele ähnliche Situationen. Ich muss noch anmerken, dass wir mitten im Winter gedreht haben und dass Paris nicht Saint-Tropez ist. Es waren die kältesten Tage des Jahres, die die Rekorde der Vorjahre übertrafen. Ich erinnere mich an einige Nachtszenen, bei denen ich kaum die Lippen bewegen konnte, weil ich wie eingefroren war. Und die Schauspieler, die armen, sie waren wirklich mehr als tapfer. Besonders Mylène. Was mich angeht, so hatte ich Vorsorge getroffen. Kurz vor dem Dreh plünderte ich das nächstgelegene »Go Sport«-Geschäft. Sie hielten mich dort für eine Abenteurerin, die eine Expedition zum Nordpol vorbereitet. Trotzdem war dies richtig. Seit dem Unfall wird es mir jeden Tag genau um 18 Uhr eiskalt und ich fange an zu schlottern. Das Körpergedächtnis. Um diese Zeit bin ich damals ins »Jenseits« hinübergegangen. Das

Geschäft verließ ich als umgewandelter Polarbär. Eine Art »Casimir im Schnee«[32].

War es meine Ausstattung, die Kraft des Geistes über die Materie oder hatte ich es Lulu zu verdanken, ich wusste es nicht. Tatsache war, dass ich während der ganzen Drehzeit nicht krank wurde, nicht den kleinsten Schnupfen bekam. Für mich, die ich mir bei jedem kalten Wetter eine Erkältung einfange, ist das erstaunlich. Noch erstaunlicher war, dass mich nach der Schlussklappe ein schreckliches Fieber erwischte!

---

[32] Casimir ist eine französische Romanfigur, die von Yves Brunier und Chrisophe-Izard geschaffen und verfilmt wurde. Casimir ist ein orangefarbener Dinosaurier mit gelben und roten Punkten (Anm. d. V.).

Postproduktion

Getragen von der Gnade und von dieser verrückten Energie, mit welcher der Herr mich ausgestattet hat, wollte ich unmittelbar danach mit dem Schnitt beginnen. In Anbetracht all der Angriffe, Prüfungen und Schwierigkeiten, die sich von Anfang an vor mir aufgetan hatten, habe ich mir gesagt, dass es ratsamer wäre, nicht zu trödeln. Und um ehrlich zu sein, das war gut so! Die besagte Person, die so sehr danach getrachtet hatte, mir zu schaden, streifte immer umher und verdoppelte ihre Boshaftigkeit.

Auch die Postproduktion von *La Mante Religieuse* bekam ihren Anteil an Dornen. Eines Tages, während des Schnitts, sagte ich zu Bruder Sam am Telefon:

»Ich kann nicht mehr! Wird das denn niemals aufhören? Ich reiße eine Mauer nieder und verletze mich an zehn anderen, die dahinter aufgebaut sind.«

Bruder Samuel nahm sich Zeit, bevor er antwortete. *O. k.,* dachte ich, *er bereitet sich auf eine Antwort vor, die mich beruhigen soll, und er tut gut daran, weil ich wirklich bestärkt werden muss. Ich bin völlig am Ende.*

»Natalie, ich habe eine Offenbarung bekommen, die dich betrifft, sei stark.«

Schweigen meinerseits.

»Seit Beginn von *La Mante Religieuse* trägst du das Kreuz. Jetzt bekommst du die Dornenkrone.«

Verflixt, was muss noch alles passieren! Hat er wirklich von der »Dornenkrone« gesprochen, nicht von einem »Lorbeerkranz«?

»Aber freu dich«, fuhr er mit aufgekratzter Stimme fort, »der Herr wird dir die Gnade geben, sie zu tragen!«

Mhm, super, das ist cool. Ich werde wieder eins auf die Mütze bekommen, yippie!

Die Angriffe des Bösen, die mich hindern sollten, den Film fertigzustellen, waren so stark, dass ich schon glaubte, in einem Horrorfilm zu sein. Nach dem Film *Der Exorzist* und Linda Blair nun also *La Mante Religieuse* und Saracco! *Freu dich …* Wenig später, mitten im Schnitt, während wir inzwischen zeitlich in Druck waren, verließ die Cutterin das Team. Wir mussten dringendst einen Ersatz finden. Zum Glück waren Bridget, die Schnittmeisterin für den Ton, und Jérôme, ihr Mann, der Tonmischer, vor Ort. Schnell nahmen sie Kontakt auf mit mehreren Schnittmeistern und Tonmischern. Unter ihnen befand sich Nathalie, die meine »Traum-Cutterin« werden sollte, und das aus gutem Grund: Im Gymnasium waren Nathalie und ich die besten Freundinnen! Leider hatten wir uns zwischenzeitlich aus den Augen verloren. Ich wusste überhaupt nicht, dass meine Freundin im Filmgeschäft arbeitete. Welch eine Freude, sich wieder zu begegnen, vor allem da wir beide die gleiche Leidenschaft, den Film, hatten!

Wieder einmal hat Gott etwas Schlechtes in etwas Gutes verwandelt. Wer sich nicht auflehnt, wer weiterhin hofft und sich ihm anvertraut, für den enden die Dinge immer damit, dass alles in Ordnung kommt. Wenn man sich dagegen von Wut oder Angst beherrschen lässt, verschlimmert sich alles nur noch. Das hat mich das Leben jedenfalls gelehrt. Das, was wieder einmal wie eine Katastrophe aussah, verwandelte sich schließlich in einen Aufwind. Dank des Eintreffens von Nathalie und Emmanuelle, unserer Topassistentin, konnte ich ein wenig Zeit aufholen und normal, das heißt in Frieden, arbeiten.

Bei der Entstehung eines Films ist jede Etappe wichtig, aber entscheidend ist der Schnitt. Das ist wie ein zweiter Dreh. Man verbringt viele Stunden, um das Filmmaterial zu sichten, das ausgewählt, bearbeitet und eingesetzt werden soll, um dem Film seine endgültige Form zu geben. Alles ist möglich: Man kann einen Film in jeder Weise zusammensetzen und auch wieder auseinandernehmen. Das ist genau die Gefahr. Je nachdem, wie man die Bilder zusammensetzt und die Perspektive voreingenommen auswählt, kann man eine Szene lustig wiedergeben, während sie eigentlich traurig ist, und umgekehrt. Jede fertig geschnittene Sequenz wirkt sich auf die folgende aus. Alles ist miteinander verbunden. Der erste Schnitt von *La Mante Religieuse* ergab eine Filmlänge von mehr als zwei Stunden. Das war viel zu lang, nicht aus Sorge, der üblichen Dauer eines Filmes nicht zu entsprechen – die Kolossalfilme der 60er-Jahre dauerten Stunden und man langweilte sich keinen Augenblick –, sondern weil man sonst den Rhythmus in der Erzählung verliert. Der Schnitt wie das Schreiben des Drehbuchs sind eine Komposition. Es muss richtig klingen. Ab einem bestimmten Moment weicht die Technik dem Instinkt. Es geht um eine Aufeinanderfolge von ausgewählten Szenen und Entscheidungen, die ihrerseits andere Entscheidungen und eine andere Auswahl nach sich ziehen, die so zu neuen Situationen führen. Tatsächlich ist es wie im Leben.

Die Produktion des Films – Aufnahmen, Schnitt, Ton, Musik, Klangeffekte, Abmischen, Technik usw. – hat insgesamt sechs Monate gedauert. Die Postproduktion verlief normal – Schlangenbisse und göttliche Gnaden inbegriffen – bis auf ein kleines Detail: Es fehlten noch 200 000 Euro, um den Film fertigzustellen. Sie mussten dringend aufgebracht werden, ansonsten würde der Film nie fertig werden. Im allerletzten Moment trieb Juliette, meine Freundin und Co-Produzentin, aus dem Nichts einen Investor auf, der bereit war, uns die fehlende Summe zu überlassen. Juliette hat sich für diesen Film wirklich stark eingesetzt, eine echte Produzentin! Sie hat dabei Federn gelassen, aber da sie ein Engel ist, sind sie rasch nachgewachsen.

Man könnte über mich sagen: *Diese Frau ist verantwortungslos! Wie konnte sie ein solches Risiko auf sich nehmen und sich in die Produktion eines 35-mm-Filmformats für das Kino stürzen* – nichts ist zu schön für Gott! –, *obwohl die Finanzierung nur für einen Teil gesichert war und nicht für den ganzen Film?!*

»Meine Damen und Herren«, das nennt man Glauben! Und nicht ich bin es, die ihn erfunden hat. Erinnern Sie sich an Abraham mit seinem Sohn Isaak: *Gott wird dafür sorgen.* Bei jedem Abschnitt, bei jedem Hindernis habe ich mir genau das gesagt. Noch einmal: Übergabe und Vertrauen. Wenn man ein Auto starten will, dreht man den Zündschlüssel, wenn man Gott dienen will, übergibt man sich ihm.

Meine Tage im Studio waren mehr als angefüllt: Unablässig war ich unterwegs vom Raum, in dem der Bildschnitt durchgeführt wurde, zum Raum, in dem am Tonschnitt gearbeitet wurde. Jeden Tag, sechs Monate lang, fuhr ich von der Normandie nach Paris und von Paris in die Normandie, um mich um meine verwitwete Mutter zu kümmern, die immer allein war, kaum das Haus verließ und nur mich an ihrer Seite hatte. Kein einziges Mal habe ich sie versetzt. Zwar bat sich mich immer, vor Ort zu bleiben, jedoch fuhr ich jeden Tag in der Frühe los und kam am Abend spät zurück. Ich war ziemlich kaputt. Heute frage ich mich, wie ich das durchhalten konnte. Ich erinnere mich, dass ich mehrmals am Steuer eingenickt bin. Glücklicherweise gab es die Leitplanke an der Autobahn … und Lulu! *Pardon, Lulu.*

La Mante Religieuse wurde im Mai fertiggestellt, im Marienmonat, an einem Tag, an dem die Jungfrau Maria in Fatima erschienen ist, aber dies war nicht beabsichtigt und alles Übrige auch nicht. Dann überließ ich mein Film-Baby leistungsfähigen Apparaten, die Berechnungen und Formatierungen durchführten, damit der Film im Kino gezeigt werden konnte. Ich kam mir vor wie eine Mutter, der man unmittelbar nach der Geburt ihr Baby weggenommen hatte. Es ist wirklich hart, sich von seinem Kleinen trennen zu müssen! Die Nabelschnur zu meinem Film durchzuschneiden, war für die »wahre jüdische Mutter«, die ich geworden war, keine Kleinigkeit.

Hatte ich geträumt? Hatte ich wirklich einen Film geboren oder war es ein *Sommernachtstraum*[33]?

Ich wusste es nicht mehr.

---

33 »Ein Sommernachtstraum« ist eine Komödie von William Shakespeare (Anm. d. V.).

Das Baby *La Mante Religieuse* wird der Welt übergeben

Rückblende.

Haben Autos das absolute Gehör?

An diesem Tag spielte sich auf den Champs-Élysées ein fröhliches Hupkonzert ab, wie es eben bei den Pariser Verkehrsstaus üblich ist. Wie bei einer gut aufgeführten Symphonie antworteten die Autofahrer mit Achtelnoten, Sechzehntelnoten und manchmal stimmten sie sogar selbst ein, je nach dem Vermögen ihres mächtigen »Kastens«, nicht dem ihrer Autos, sondern dem ihrer Brust und ihrer Stimmbänder. Getragen von der elektrisierenden Pariser Brise hallte dieses Hupkonzert der Autos im Stimmengewirr einer Menschenmenge wider, die vor einem Kino versammelt war. Vom breiten Bürgersteig war nichts mehr zu sehen. Er war überfüllt mit Menschen, die ungeduldig darauf warteten, ihre Tickets zu bekommen.

An diesem 2. Juni 2014 fand die Vorpremiere eines kleinen Films statt, über den schon viel geschrieben worden war: La Mante Religieuse. Dieser Film, der niemals hätte das Licht der Welt erblicken sollen, wurde nun doch plötzlich in der Arena eines dunklen Kinosaales aufgeführt und der Öffentlichkeit vorgestellt.

Aber nein, ich träumte nicht. Meine Begegnung mit dem Heiligsten Herzen Jesu hat mich tatsächlich ins »Publicis«, dieses bekannte Kino auf der Avenue des Champs-Élysées, geführt! Mein Film und ich, wir waren wie aneinandergefesselt. Nun ja, ich rede von »meinem Film«, in Wirklichkeit ist es der Seine, er gehört ihm, dem Herrn. Ohne ihn hätte ich ihn nicht drehen können. Natürlich gibt es ein paar Leute, die zu mir sagten: »Das ist deine Arbeit, dein Talent, er gehört dir und dir allein verdankst du ihn.« Aber ich weiß genau, dass ich den Film ihm verdanke und sonst niemandem. Ich war nur ein einfaches Instrument in seinen Händen. Mein Stolz beruht genau auf der Tatsache meiner Bedeutungslosigkeit. Mich aufzuplustern, weshalb? Die starke Frau zu spielen, zu welchem Zweck? Kann ein gewöhnlicher Kieselstein stolz sein, weil er ausgewählt wurde, ein Feuer zu entzünden? *Armer kleiner Feuerstein, wenn du es nicht gewesen wärst, dann wäre es ein anderer gewesen.* Die einzige unersetzbare Person in den Plänen Gottes war Maria von Nazareth – ohne sie würden wir immer noch auf Jesus warten –, aber wir? Also wirklich!

Das Kino war für unseren Empfang schön herausgeputzt. Der rote Teppich war ausgerollt. Plakate von *La Mante Religieuse* waren hier und dort an Litfaßsäulen angebracht. Der kleine Feuerstein hätte dies sich nicht erträumen können. Als »er« zu einem großen Empfang der Produzenten für die Vergabe der Filmpreise 2015 eingeladen wurde, konnte »er« es immer noch nicht fassen. Gewisse einflussreiche Leute im Filmgeschäft, die von meinem Weg und der Art der Finanzierung wussten, sagten zu mir verblüfft: »Welch ein Abenteuer, meine Liebe, welch einen Weg sind Sie gegangen, um es möglich zu machen, Ihren Film zu produzieren und nun hier unter uns zu sein. Das ist einfach gewaltig!« – *Mein Gott, ja, das ist »gewaltig«.*

Ist es nicht gewaltig, wenn der Herr sagt:

Wenn ihr Glauben hättet wie ein Senfkorn, würdet ihr zu diesem Maulbeerbaum sagen: Entwurzle dich und verpflanz dich ins Meer!, und er würde euch gehorchen (Lk 17,6).

Ich habe oft gehört, wie jemand sagte: »Warum erhört Gott dich und jemand anderen nicht?«

Kleine Gebrauchsanweisung:

1. – Zunächst einmal muss das, worum man bittet, dem Willen Gottes entsprechen.

Ich erinnere mich an eine Freundin, die Schauspielerin ist und die sich in einen verheirateten Mann verliebt hatte. Sie nutzte ihre Ferien, um eine Novene zur Jungfrau Maria zu beten. Jeden Tag ging sie in der »Hundehitze« des Südens kilometerweit zu Fuß zu einer kleinen Kapelle, damit ihr Gebet in den Augen der Jungfrau Maria Gnade finden sollte, nur dass diese Bitte weit davon entfernt war, dem katholischen Glauben zu entsprechen: *Maria, Maria, hilf, dass dieser Mann seine Frau verlässt, damit wir zusammen sein können.* Als er wieder in Paris war, verließ der betreffende Mann meine Freundin und kehrte wieder zu seiner Frau und seinen Kindern zurück! Die Novene hat gut funktioniert, aber nach dem göttlichen Willen.

2. – Wirklich glauben und ohne Unterlass beten.

3. – Sich vertrauensvoll dem Herrn übergeben.

Und ich möchte noch eine kleine 4. Bedingung anfügen: Die Ohren öffnen, um die Anweisungen des Meisters zu hören.

Ganz offensichtlich ist all das Gnade. Aber wenn es einigen gelingt, die Klassenletzten eingeschlossen, dann kann es allen gelingen.

Enger Terminplan für die Vorpremieren

Vor dem Filmstart war ich bei etwa vierzig Vorpremieren in ganz Frankreich anwesend. Lyon, Straßburg, Bordeaux, Toulouse, Rennes, Saint-Étienne, Toulon, Reims, Nîmes, Avignon, Les Sables-d'Olonne, Saint-Lô, Lisieux, Évreux, Besançon, Mulhouse usw. Wie schön ist doch unser Land, so unterschiedlich und so fruchtbar! Baby *La Mante Religieuse* und ich, wir waren zu echten umherziehenden Gauklern geworden, die nach dem Belieben der Kinos, die uns willkommen hießen, unterwegs waren. In jeder neuen Stadt setzte sich ein Anlaufpunkt durch. Das Erste, was ich bei meiner Ankunft machte, war, eine Kirche aufzusuchen und dort zu beten. Das war außerdem ziemlich praktisch, denn wenn ich zu lange verschwunden war, wusste man immer, wo man mich finden konnte! Desgleichen suchte ich vor jeder Diskussion, die auf die Filmvorführung folgte, die Toilette auf, um dort allein zu sein und zu beten. Eines Tages, als die Vorführung schon bald zu Ende ging, wurde ich dort von einem Kinobetreiber überrascht, der mich suchte. Er glaubte, ich hätte eben eine Linie Kokain gezogen. Mit Augen, die Gott leuchten ließ, und mit einer Haartolle, die knapp am Heiligenschein vorbeischrammte, sagte ich zu ihm: »Mein Koks ist das Gebet. Nichts ist so gut wie ein Lichtstrahl Gottes! Sie sollten das auch mal versuchen.« Auf diese Weise habe ich mir bei den Kinobetreibern den Ruf einer Kokainsüchtigen Gottes eingehandelt.

Die Erinnerung an die Episode in Cholet wird für immer in meinem Gedächtnis eingebrannt bleiben.

Es handelte sich um die allererste Vorpremiere. Gewöhnlich bin ich – seit meiner Begegnung mit dem Heiligsten Herzen Jesu – vollkommen ruhig. Aber jetzt war ich wie erstarrt. Wie würde das Publikum reagieren? Das echte Publikum und nicht die Freunde oder die Familie. Ein neutrales, authentisches und nicht besonders wohlwollendes Publikum. Männer und Frauen, die für ihren Platz im Kino bezahlt hatten, um sich einen Film anzusehen. Wie würden sie ihn aufnehmen? Hatten sie Tomaten in ihren Taschen versteckt? *La Mante Religieuse* und ich, wir hatten uns der Öffentlichkeit ausgeliefert und bekamen es mit der Angst zu tun. »Liebe« oder »Hinrichtung«, wie würde das unparteiische Urteil lauten? Ich betete, atmete tief durch und stürzte mich mitten unter die begierigen Filmevertilger, denen ich mein Werk präsentierte. Aber wie verblüfft war ich darüber, dass da nur alte saßen! Ein Kinosaal voller »Madame Marguerites«! Madame Marguerite spielt in dem Film eine Betschwester, die ein großes Mundwerk hat und vernichtend über andere spricht. Diese Vorstellung hier war bestimmt eine Falle, Baby *La Mante Religieuse* und ich würden gelyncht werden! Es gab zwar ein paar junge Leute, aber sie schienen nicht sehr umgänglich zu sein.

Ich stammle etwas und wie durch ein Wunder gelingt es mir, ein paar Worte zu sagen, um sofort danach zu verschwinden. Ich hätte vor der Vorführung zu Abend essen sollen! Undenkbar. Während der fünfmonatigen Tournee anlässlich der Vorpremieren und der siebenmonatigen danach – den Filmvorführungen nach dem Kinostart – war es mir nie möglich gewesen, vorher auch nur eine Erdnuss zu schlucken. Und noch viel weniger dieses Mal! *Jesus, Maria und Josef, helft mir.*

Jetzt ist es so weit, der Abspann des Films läuft vor meinen Augen ab. Von meinem Platz in einer Ecke aus beobachte ich meine künftigen Peiniger. Kein Laut, noch weniger Applaus, eine Stille wie in einem Hitchcock-Film. Man gibt mir ein Mikro und wirft mich in die Arena. Alle Blicke sind auf mich gerichtet. Die Stunde der Steinigung ist gekommen. Ich sehe schon die Schlagzeilen in einer der Zeitungen: *Junge Regisseurin vom Publikum getötet!* Zumindest wäre das für den Film eine Werbung gewesen. Das Publikum und ich, wir schauen uns gegenseitig an, ohne dass jemand etwas sagt. *Wer wird zuerst die Waffen ziehen?* Hitchcock überlässt seinen Platz Sergio Leone: »Spiel mir das Lied vom Tod« von Cholet. Plötzlich beginnt jemand zu klatschen – ein Verrückter! – und steckt damit den ganzen Saal an. Ein Feuerwerk von Applaus und Bravorufen wurde mir wie ein Blumenstrauß zugeworfen, die Zuschauer waren nicht zu bremsen! Der Film kam an, der Film berührte sie. Er brachte sie zum Nachdenken. Die Fragen sprudelten hervor, die Zuschauer beantworteten sie gegenseitig.

La Mante Religieuse hatte ihr erstes Feuer entfacht.

Da die Diskussion kein Ende nahm, setzte uns das Kinopersonal, das im Übrigen sehr freundlich war, vor die Tür. Weil die begeisterten Zuschauer sich noch mehr über den Film unterhalten wollten, schleppten sie mich in die einzige Kneipe, die so spät noch offen hatte. Der Austausch der Gedanken setzte sich kurzweilig bei einer Flasche Wein fort. Schlussendlich sorgten die kleinen Alten und ich dafür, dass wir aufbrachen. »Cholet by night«, das war einen Besuch wert! Als ich am nächsten Tag gerade dabei war, das Hotel zu verlassen, holte mich eine Hotelangestellte ein: »Ein Mann ist heute am frühen Morgen gekommen und hat mich gebeten, Ihnen das von ihm zu übergeben«, sagte sie und übergab mir ein Päckchen. Neugierig öffnete ich es und entdeckte Pralinen und ein paar Worte der Ermutigung. Es war der Priester des Ortes, der mir dafür dankte, dass ich diesen Film gedreht hatte … Sehr nett! Ich aß die Pralinen auf und bewahrte die Karte ehrfürchtig auf, die dem Päckchen beigelegt war.

Ein herzliches Dankeschön an alle Cholet-Fans. Euch verdanke ich mit dieser Vorführung eine meiner schönsten Erinnerungen.

Eine andere, sehr schöne Erinnerung betrifft die Vorpremiere im »Kinépolis« von Lomme, das in der Nähe von Lille liegt. Xavier, einer meiner Co-Produzenten, den ich besonders mag, kümmerte sich um die Organisation – und offen gesagt, er hat wie ein Chef für alles gesorgt! Zunächst hatte dieser Kinokomplex für uns den kleinsten Saal vorgesehen, was normal ist: keine Stars, erster Kinofilm, erste Produktion, ein sonderbares Drehbuch, das einen religiösen Inhalt hat … Im Klartext, hier wurde kein großer Andrang erwartet! Das Kinépolis war dafür bekannt, dass es einen der größten Kinosäle Frankreichs hat, der siebenhundert Zuschauer fasst! Ich weiß nicht, warum, aber ich fühlte mich gedrängt, ein eigenartiges Gebet zu sprechen: *Herr, du, der du das Rote Meer hast zurückweichen lassen, um Israel, dein Volk, durchziehen zu lassen, zeige deine Herrlichkeit bei dieser Vorpremiere.* Am Ende der ersten Woche der Vorreservierungen verlegte man uns in einen größeren Saal. In der darauffolgenden Woche – wie konnte es auch anders sein? – wurde *La Mante Religieuse* für einen noch größeren Saal umgebucht und so weiter.

Dann kam der große Abend der Premiere. Die Schauspieler und ich, wir trafen uns vor dem Kinokomplex, in dem die bekanntesten Filme gezeigt werden. Beim Betreten dieses riesigen Tempels der siebten Kunst wurden wir schnell von einer Menschenflut aufgehalten. Hunderte Zuschauer standen Schlange, während die Zuspätkommenden noch mit ihrem Ticket in der Hand hereinstürzten. Auf einem Plakat sah man Kriegsmaschinen, die bereit waren, die arme *La Mante Religieuse* zu vernichten. Wohin liefen die Zuschauer denn hier? Eine sympathische Brünette, die Priesterin dieses Tempels, kam mit einem Lächeln wie ein Banksafe und Augen wie Banknoten auf uns zu: »Mein Gott, das ist ja verrückt«, rief sie verblüfft aus, »so etwas haben wir bei einem Debütfilm noch nie erlebt, sie kommen von allen Seiten! Sehen Sie sich das an!« Und wirklich, sie kamen von allen Seiten, ein Woodstock des Films. Die Schauspieler schwebten im siebten Himmel – und nicht nur sie. Die Türen öffneten sich und verschlangen die Zuschauer, einen nach dem anderen, wie der Walfisch Jona verschlungen hatte. Links neben dem Eingang war ein VIP-Bereich eingerichtet mit Champagner nach Wunsch! *Donnerwetter, cool,* sagte ich zu mir, als ich die magische Flasche mit den kleinen Bläschen erblickte, die mir schöne Augen machte. Wie üblich machte Luciole, diese Spielverderberin, die Stimmung kaputt. Sie sagte zu mir: »Nicht anfassen!« *Du willst ein Schutzengel sein, du bist eher ein Wachhund, ja! Ich hätte dich nicht Lulu nennen sollen, sondern Pitbull! Immer verhinderst du, dass ich etwas genieße. Wenn du auch oft recht hast.* Lulu lächelte.

Ich ging an der Gruppe eifriger, mit Funkgeräten ausgerüsteter Angestellter vorbei und warf einen raschen Blick in den Saal. Beeindruckend: eine riesige Leinwand, wie ich sie noch nie in meinem Leben gesehen hatte, und Hunderte Kinosessel. Man hätte meinen können, es sei ein Konzertsaal, in dem man mit Ungeduld einen Popstar erwartete. Ich war schon darauf gefasst, dass sich das Dach öffnen und Mick Jagger von einem Hubschrauber aus in den Saal herabschweben würde, aber nein, dieses Publikum erwartete tatsächlich *La Mante Religieuse.* Wahnsinn. Ein letzter Zuschauer traf außer Atem ein und rempelte mich an. Wie eine Laborratte, die hinter einem Stück Emmentaler Käse herrennt, schlängelte er sich durch die Menge in der Hoffnung, einen Platz zu finden. Ich sagte zu meinem Schauspieler und Freund Aurélien Jegou, der sich zu diesem Anlass in einen Kameramann verwandelt hatte: »Das musst du filmen!« Und zu guter Letzt hat Aurélien aus all diesen Bildern eine Reportage über die Vorpremieren gemacht. Er taufte sie *La Mante Religieuse, das unerwartete Phänomen* – man kann es auf Youtube finden. Es ist klar, dass niemand damit gerechnet hatte, dass dieser kleine Film einen Kinosaal mit siebenhundert Plätzen füllen würde! Das Kino war komplett ausverkauft. An diesem Abend hatte der Herr alle Register gezogen: nach dem *Roten Meer* »Der ausverkaufte Saal«! Und es blieb nicht dabei. Das Hotel, in dem wir abgestiegen waren, war ein ehemaliges Kloster, das man zu einem Luxushotel umgebaut hatte, was ich vorher nicht wusste. Die Schauspieler und ich, wir ließen uns vom freundlichen Hotelangestellten in unsere Zimmer führen. Vom modernen Ambiente und der Ausstattung konnte man nicht darauf schließen, dass dieser Ort vor einigen Jahrhunderten eine religiöse Gemeinschaft beherbergt hatte. Als die fröhliche Truppe ihre Zimmer zugeteilt bekommen hatte, blieb ich als Einzige übrig. Der Mann drehte sich amüsiert um und schwenkte vor meinen Augen einen alten Schlüsselbund, der nicht mit den Magnetkarten der anderen zu vergleichen war.

»Für Sie«, meint er verschmitzt, »haben wir im Anbau das Zimmer der Ordensschwester.«

»Wie bitte? Das Zimmer der Ordensschwester?«

»Ja, das Zimmer der heiligen Cäcilia, das einzige, das im ursprünglichen Zustand erhalten blieb.«

»Sie scherzen, ›das Zimmer der Ordensschwester‹? Das ist ein Witz.«

Auf meine Reaktion hin hüstelte der Mann verlegen.

»Oh! Pardon, man hat mir nicht gesagt, dass Sie das stören würde. Ich werde sofort ein anderes Zimmer für Sie besorgen. Es ist schon vorgekommen, dass Leute, die mit der Kirche Probleme hatten, um ein anderes Zimmer baten …«

»Zeigen Sie es mir«, antwortete ich, indem ich ihn unterbrach. Wir gingen einen langen Gang hinunter, dem man die Spuren seines Alters und seiner Epoche ansah, und kamen vor einer alten Holztür an.

»Hier ist es«, sagte er, indem er die Tür mit dem schweren Schlüssel öffnete.

Im Inneren, obwohl neu ausgestattet, war noch die Atmosphäre einer Zelle zu spüren. Der Stein und die Balken sprachen für sich. Die Gebete der Ordensschwester schwebten noch in der Luft. Ich habe diesem Mann tausendmal gedankt – ich glaube, ich habe ihn sogar umarmt – und schloss mich mit einer doppelten Umdrehung des Schlüssels in diesem Gebetszimmer ein. Ich konnte meine Gefühle nicht mehr zurückhalten und brach in Tränen aus. Dieses göttliche Geschenk ließ mich erzittern, mir lief es heiß und kalt den Rücken hinunter. Der Herr legte seine Karten auf den Tisch: Es war klar. Er nahm mich beiseite, indem er mir die schwere Aufgabe anvertraute, ihn durch diesen Film zu verkündigen.

Zur Vorpremiere in Versailles möchte ich auch noch etwas erzählen. An dem Tag war Bruder Sam an meiner Seite und leitete die Diskussion. Wieder war der angekündigte

Saal ausverkauft. Ende der Vorführung. Das Licht ging an. Wie jedes Mal war das Publikum still und in sich gekehrt. Bruder Samuel und ich nahmen die jeweiligen Mikrofone an uns und fingen an, unsere Köder auszuwerfen, um die Stimmung anzuregen und die Diskussion einzuleiten. Dafür waren wir schon seit Monaten aufeinander eingespielt. Zu zweit funktionierte es wunderbar – es war fast schon eine One-Man-Show. »Humor und Heiliges, Kino und Spiritualität« gaben sich ein Rendezvous. Das Lustigste war, dass ich von Gott sprach und der Mönch vom Kino. Gleich zu Beginn traf uns eine Frage wie eine Kanonenkugel. Sie war direkt an mich gerichtet.

»Natalie, ich finde Ihren Film skandalös und total pessimistisch. Was für ein Bild zeichnen Sie von der Jugend! Sie zeigen die jungen Leute, die herumsitzen, labil sind und Alkohol-, Sex- und Drogenprobleme haben. Diese Sichtweise entspricht nicht der Realität. Das kann ich Ihnen als Hausfrau und Mutter sagen.«

Bruder Sam und ich hielten den Atem an. Wir hatten nicht so schnell mit einem solchen Angriff gerechnet. Die Frau verschärfte ihre Bemerkung noch:

»Auf jeden Fall sind die Jugendlichen in Versailles nicht so wie von Ihnen beschrieben. Vielleicht trifft das für Ihre Umgebung zu, aber nicht für unsere hier …«

Als ich ihr gerade antworten wollte, hob sich mitten im Publikum eine Hand. Ein gut aussehender Mann in den Dreißigern bat mich, darauf antworten zu dürfen. Ich akzeptierte dies erleichtert und war zugleich neugierig. Er kam nach vorn und übernahm das Mikro. Gekleidet war er mit einem Hemd mit einem schönen römischen Kollar …

»Ich will mich zunächst vorstellen: Ich bin Pfarrer Mathieu. Ich arbeite in der Pfarrseelsorge und kümmere mich um die Jugendlichen.«

Wer könnte besser antworten als er …

»Ich kenne die Jugendlichen sehr gut, weil ich sie begleite und auch ihre Beichte höre.«

Schweigen, eine Mischung aus Verblüffung und Verlegenheit wehte wie ein eisiger Luftzug durch den Saal. Der Priester drehte sich um, deutete mit dem Finger auf die Leinwand und sagte dann:

»Ich muss Ihnen sagen, dass alles, was man in diesem Film sieht, der Realität entspricht und leider sogar noch übertroffen wird. Dieses Fehlen von Sinn und Orientierung mit all den Ängsten, Verletzungen und Abhängigkeiten, die das mit sich bringt, gibt es sehr wohl, und zwar in allen Schichten. Reich zu sein, löst nicht alle Probleme. Ganz im Gegenteil, so kommt man noch leichter an harte Drogen ran. Niemand ist davor wirklich sicher trotz seiner Erziehung, seiner Moral und seiner Religion.«

Die Intervention dieses Priesters kam mir vor wie ein Paukenschlag der Vorsehung.

»Auch wenn es schwer ist, sich das anzuhören, ihr Eltern, öffnet eure Augen, bevor es zu spät ist. Lasst nicht zu, dass eure Jugendlichen euch entgleiten.«

Ein Teil seiner Rede wurde von einem Zuschauer aufgenommen und zirkuliert im Netz. Ich habe dem nichts hinzuzufügen. Doch, ich dankte dieser Dame für ihre ehrlichen Worte, die so viel ausgelöst hatten. Genau für einen solchen Austausch habe ich diesen Film gemacht, und am Ende habe ich alles dafür getan, dass es »einen Kundendienst« gibt.

Am 4. Juni 2014 kam *La Mante Religieuse* ins Kino. Der Film lief in Paris sieben Monate lang. In den letzten Monaten gab es nach den Vorführungen jeweils eine Diskussion, bei der ich anwesend war. Viele Menschen kamen am Ausgang auf mich zu, um das Gespräch fortzusetzen. Es waren ganz verschiedene Leute, unter ihnen junge, alte, gläubige und solche, die sich gegen den Glauben auflehnten, die den Film gesehen hatten. Alle waren bewegt und erschüttert. Bei manchen flossen die Tränen. Wie dieser arme, wütende Mann, dessen einziger Sohn Selbstmord begangen hatte und dessen Frau an Kummer gestorben war. Ich erinnere mich, wie ich ihn in meine Arme nahm und ihm Trost zusprach. Es waren Sätze, die ganz klar nicht von mir stammten. Ich war wieder einmal dieser »kleine Feuerstein«, der die Liebe und Zärtlichkeit Gottes weitergab. Es waren auch ehemalige Süchtige dabei – die noch labil waren –, Vorbestrafte, Prostituierte und selbst Transsexuelle. Dieses Publikum war besonders empfänglich. Es gab auch »erkaltete« Katholiken, die wieder gestärkt den Glauben in ihrem Leben umsetzen wollten. Es gab auch Familien, die restlos überfordert waren von dem, wie ihre Kinder lebten. Sie vertrauten sich mir an und hofften, ihre Kinder mitnehmen zu können, um diesen Film mit ihnen anzusehen. *Wer weiß, vielleicht würden sie von der Gnade berührt?* Die Eltern haben verstanden, dass es nicht hilft, die Kinder zu verurteilen, sondern dass man ihnen helfen muss. Jemand, der sich verurteilt fühlt, legt sich schnell quer. Wie wäre die Reaktion der Ehebrecherin gewesen, die auf frischer Tat ertappt worden war, wenn Jesus zu ihr gesagt hätte: *Aus den Augen, schmutzige Frau! Das war's! Du bist schlecht und du wirst schlecht bleiben.* Nachdem er diejenigen, die sie steinigen wollten, in ihre Schranken verwiesen hatte, sagte er hingegen zu ihr: *Auch ich verurteile dich nicht. Geh und sündige von jetzt an nicht mehr!* (Joh 8,11). Wir sollten übrigens darauf achten, dass Jesus ihr vergeben hat, bevor sie Beweise für ihre Bekehrung lieferte. Was wohl danach mit dieser Gnade aus ihr geworden ist? Und was machen wir aus der segensreichen und geschenkten Vergebung Gottes nach der Beichte?

Nie werde ich den Rabbi vergessen, der an einem Freitagabend ganz Paris zu Fuß durchquert hatte, um den Sabbat einzuhalten und zu einer Vorfügung des Films zu kommen. Ich war baff … Und diese junge Muslimin, die sich am Ausgang auf mich stürzte, um mir zu sagen, dass dieser Film über die Religion hinausging, weil er etwas von der Barmherzigkeit des einzigen Gottes ausstrahlte!

Über den Fanklub *jaimelamante.com* habe ich Hunderte Briefe von jungen Leuten erhalten. Die Vorführung war kaum beendet und schon schrieben sie mir, um mir dazu zu gratulieren, dass ich es gewagte hatte, einen solchen Film zu drehen. Einer schrieb: »Danke für diesen Film, der mich im Innersten berührt und zu meinem Herzen gesprochen hat und mir hilft, mich wieder aufzurichten.« Viele andere – junge und weniger junge – haben mir mitgeteilt, dass sie über *La Mante Religieuse* verstanden hätten, dass »Gott tatsächlich nichts mit dem Knecht Ruprecht gemein hat, wie er ihnen vorgestellt worden war, sondern dass er ein Gott der Liebe und der Barmherzigkeit ist, der vergibt«. Einer hat sogar geschrieben: »Da dem so ist, werde ich es wagen, eine Kirchentür zu öffnen und die Kirche zu betreten.« Ich hoffe, dass er an jenem Tag in der Kirche guten Menschen begegnet ist.

Traurig bin ich darüber, dass manche Christen – glücklicherweise waren es nur sehr wenige – diesen Film ziemlich negativ aufgenommen haben. Sie haben ihn als »pornografisches« Werk eingestuft. Wenn dieser Film sie verletzt haben sollte, tut mir das aufrichtig leid, aber vermutlich sind sie nicht diejenigen, an die er sich richtet. Diejenigen, für die er in erster Linie gedreht wurde, sind, um das Wort von Papst Franziskus aufzunehmen, »Menschen an der Peripherie der Kirche«. *La Mante Religieuse* hat es gewagt, den traditionellen Rahmen links liegen zu lassen, um genau diesen Menschen begegnen zu können. Das war eine gewagte Herausforderung und keineswegs einfach. Keine Szene, kein Bild gab es umsonst. Der erste Teil, der einem vorkommen mag, als sei er nur für den Papierkorb gut, ist dennoch für das Ganze nötig. Ohne diesen Beginn hätte ich mir die Schlussszenen mit der Mutter Oberin nicht erlauben können. Es wäre daraus ein »langweilig-moralisierender« Film geworden, eine perfekte Mischung, um all jene in die Flucht zu schlagen, die nicht gläubig sind.

Kinofilme, die von Religion handeln, sind entweder »dafür oder dagegen«. Selten laden sie zu einer Diskussion ein. Darin liegt die Fragilität und zugleich die Kraft von *La Mante Religieuse.* Als Regisseurin wollte ich mich mit diesem Film nicht in die einfache Spirale von »dafür oder dagegen« begeben. Ich versuchte vor allem, dem Publikum mit Respekt zu begegnen und ihm die Freiheit zu lassen, selbst zu entscheiden. Besteht das Ziel eines Werks nicht eher darin, gute Fragen aufzuwerfen, als jemandem vorgefertigte Antworten aufzudrängen?

Wenn ich mich mit diesem Film als eine in Christus verliebte Katholikin geoutet habe auf die Gefahr hin, zum wiederholten Mal alle möglichen Kritiken zu provozieren, dann geschah es nur deshalb, weil es sich um ein Zeugnis handelt, nämlich meines. Ich bin nicht hier, um zu gefallen, noch weniger, um zu verführen, sondern von meiner Begegnung mit dem Heiligsten Herzen Jesu Zeugnis abzulegen. Diese Begegnung hat mein Leben völlig verändert. Dies ist kein Roman und ich habe das Drehbuch nicht geschrieben, um ein literarisches Werk vorzulegen. Mir kam es beim Schreiben allein auf die Aufrichtigkeit an.

Um auf *La Mante Religieuse* zurückzukommen: Wenn auch nur eine Seele berührt worden ist, nur ein Mensch, dann hat sich der Film gelohnt. Übrigens gestand mir eine junge Frau bei einer Nachfrage, dass sie sich nach dem Besuch des Films entschieden hatte, als Postulantin bei den »Schwestern vom Heiligsten Herzen« einzutreten.

Ich bedaure nichts, auch wenn die Geburt mehr als schmerzhaft war. Nachdem der Film in den Kinos lief, wurde er auch auf verschiedenen Festivals vorgeführt und sogar über Kalkutta und Sarajevo abgeworfen. Er wurde in viele Länder verkauft, darunter Korea, Australien und kürzlich in die Vereinigten Staaten. Seitdem erhalte ich eine Unmenge Freundschaftsanfragen auf Facebook, vom Cowboy mit seinem John-Wayne-Hut bis zum sprachgewandten Gangsta-Rapper! Welches Abenteuer ist doch dieser Film! Wenn der Herr uns sagt: *Steh auf und geh,* dann ist es besser, gleich ein zusätzliches Paar Schuhe zum Wechseln einzuplanen.

Auch eine DVD kam heraus – mit 70 Minuten Bonusmaterial! Eine DVD kann weitergegeben werden. Dasselbe gilt für das Buch. Man kann es in Ruhe in seiner Ecke vor dem Kamin lesen.

Eines ist sicher: Der Herr hat sein letztes Wort noch nicht gesprochen.

Was mich angeht, so bin ich seit Kurzem unterwegs in einer neuen *mission impossible* – ist es nötig, den Urheber zu nennen? Diesmal habe ich die Rechte an *Pompon du Pompon* erhalten. Statt den Film *Larmes Blanches,* den ich wegen meines Unfalls nicht in Angriff nehmen konnte, mit meinem Produzenten wieder aufzunehmen, schickt mich der

Herr, wie Sheila sagen würde, *bis zu den Heiligen Drei Königen nach Galiläa.* Soeben konnte ich das Skript für einen neuen Film fertig machen – wenn es nicht umgekehrt mich fertiggemacht hat – mit dem Titel: »Vergib ihnen«. Und in der Titelrolle … JESUS! Jesus im Film, wie man ihn noch nie gesehen hat! Ein menschgewordener Jesus, ganz und gar göttlich und ganz und gar menschlich. Wie es im Evangelium heißt: *menschgewordener Gott* … und kein Roboter! Der Film stellt die Menschlichkeit Christi heraus und konzentriert sich auf den Kern seiner Botschaft: Liebe und Barmherzigkeit. Halten Sie Ihre Taschentücher bereit, denn es wird sehr emotional werden – eine Sponsoridee von Kleenex. Ich habe mit dem Skript am 15. August begonnen. Es wäre nicht unmöglich, dass eine »gewisse Maria« etwas damit zu tun hätte. Und dieses Mal brauche ich nicht nur zwei Millionen Euro, um den Film zu drehen, sondern zwanzig!

Also, setzen Sie bitte Ihre Rosenkränze ein.

neuer Film „Vergib ihnen"

Die Zukunft beginnt jetzt!

Angeblich kommen wir alle zweitausend Jahre in eine neue Ära. Derzeit sollen wir das Zeitalter der Fische, das mit der Geburt Christi begonnen hat, verlassen haben, und das Zeitalter des Wassermanns soll beginnen. Wer Wechsel des Zeitalters sagt, sagt auch Wechsel der Kultur mit allem, was dazugehört, zuerst mit der Zerstörung des Seins und des Denkens. Unsere Gesellschaft befindet sich mitten im Umbruch (Mutation). In dem Wort »Mutation« steckt jedoch das Wort »Mutant«[34]. Werden wir die Welt der Lebenden hinter uns lassen und uns zu lebenden Toten entwickeln, zu fröhlichen kleinen Zombies, die sich vom Leben in Gott befreit haben?! Diese Welt, die Gott feindlich gegenübersteht, wird sich auch zu einer feindlichen Umgebung für den Menschen entwickeln. Wenn wir Gott, unseren Vater, zurückweisen, treiben wir richtungslos umher, schnappen irgendwelche in der Luft liegenden zerstörerischen Gedanken auf, die uns vernichten wollen. Gepeinigte Seelen, die in einem künstlichen Leben dahintreiben, das weder Liebe noch Ziel beinhaltet. Im Weltraum umherirrende Kosmonauten, deren Verbindung zu ihrem Raumschiff abgebrochen ist. Die Menschheit kann nur mit dem Menschlichen überleben. Durch welches Wunder könnte ein Fötus den Tod seiner Mutter im Mutterleib

---

[34] Das Wort »Mutant« (lat. mutans, mutare »sich [ver]ändern, verwandeln«) hat folgende Bedeutungen: ein genetisch verändertes Lebewesen (Anm. d. V.).

überleben? Wenn man versucht, Gott zu zerstören, zerstört man sich selbst. Ich befürchte, dass in dieser Zeit keine fröhliche Stimmung herrschen wird.

Die Kirchen leeren sich, während die Behandlungstermine bei den Psychologen und Psychotherapeuten ausgebucht sind … Die Kirchen leeren sich, während die Dealer sich die Taschen vollstopfen … Die Kirchen leeren sich, während die Zahl der Selbstmorde steigt … Die Kirchen leeren sich, während die Welt vor Verdorbenheit, Abscheulichkeit und Grauenhaftigkeit aller Art trieft und aus unseren Kindern Wesen macht, die weder Glauben noch Gesetz noch eine Seele haben, bereit, uns abzuschießen, wenn es gerade im Trend liegt …

Auf welche Seite wird sich die Waagschale senken? Auf die von *No Future*[35] oder aber auf *Now Future*[36]? Noch ist nichts verloren, alles kann sich noch ändern, es hängt nur von uns ab …

Und was wird aus der »glorreichen Wiederkunft Christi«?

Wir Christen glauben daran, wir bekennen es jeden Sonntag in der Messe im Credo: *Er wird wiederkommen in Herrlichkeit, zu richten die Lebenden und die Toten* – Lebenden? – *und seines Reiches wird kein Ende sein.* Jesus wird sicher wiederkommen, aber wann? Er selbst sagt, *dass er wiederkommen wird wie ein Dieb in der Nacht zu einer Zeit, in der man ihn am wenigsten erwartet.*

Christus offenbart uns, dass wir durch seine Wiederkunft überrascht werden: *Denn wie es in den Tagen des Noach war, so wird die Ankunft des Menschensohnes sein. Wie die Menschen in den Tagen vor der Flut aßen und tranken, heirateten und sich heiraten ließen, bis zu dem Tag, an dem Noach in*

---

35 »Keine Zukunft« (Anm. d. V.).

36 »Die Zukunft beginnt jetzt« (Anm. d. V.).

die Arche ging, und nichts ahnten, bis die Flut hereinbrach und alle wegraffte, so wird auch die Ankunft des Menschensohnes sein (Mt 24,37–39). Nichts hat sich geändert: Wie damals, so denkt man auch heute, dass man unverwüstlich und unzerstörbar sei! Die Tatsache, dass ich den Tod aus der Nähe gesehen habe, hat mich gelehrt, dass man im Ausnahmezustand leben muss. Nicht in einer ängstlichen oder destruktiven Haltung, sondern indem man sich auf das Wesentliche konzentriert. *Was ist mir am wichtigsten? Gebe ich dem in meinem Leben den entsprechenden Vorzug?«* Wenn man sich sagt, dass man noch genügend Zeit habe, ist das eine Art Ketzerei! In Wirklichkeit dürfen wir keine Minute verlieren, wie das Gleichnis vom reichen Mann (vgl. Lk 12,16–21) bezeugt, der sich Sorgen macht, weil er nicht genügend Platz für die Getreidesäcke hat, und der plant, seine Speicher zu vergrößern, während er noch am selben Abend seine Seele zurückgeben muss.

Jesus lädt uns dazu ein, auf die Zeichen zu achten, die seinem Kommen vorausgehen werden: *Wenn ihr aber seht, dass Jerusalem von Heeren eingeschlossen wird, dann erkennt ihr, dass seine Verwüstung bevorsteht. Es wird sich erheben Nation gegen Nation und Königreich gegen Königreich. Es wird gewaltige Erdbeben und an vielen Orten Seuchen und Hungersnöte geben; schreckliche Dinge werden geschehen und am Himmel wird man gewaltige Zeichen sehen. Auf der Erde werden die Nationen in Angst sein, erschreckt durch das laute Geräusch des Meeres und seiner Wellen, während die Menschen vergehen werden vor Schrecken in der Angst vor den Unglücken, die der Welt geschehen werden; denn die Kräfte des Himmels werden erschüttert werden … Dann werdet ihr den Gräuel der Verwüstung sehen, der am Heiligen Ort aufgerichtet ist … Es wird eine Not sein, wie es sie nicht gegeben hat seit Anbeginn der Welt. Danach wird das Zeichen des Menschensohnes am Himmel erscheinen; dann werden alle Völker der Erde wehklagen und man wird den Menschensohn auf den Wolken des Himmels kommen sehen, mit großer Kraft und Herrlichkeit. Er wird seine Engel unter lautem Posaunenschall aussenden und sie werden die von ihm Auserwählten aus allen vier Windrichtungen zusammenführen, von einem Ende des Himmels bis zum anderen. Darum haltet auch ihr euch bereit! Denn der Menschensohn kommt zu einer Stunde, in der ihr es nicht erwartet. Aber der Menschensohn, wenn er kommen wird, wird er Glauben finden auf Erden?* (vgl. Lk 21, Mt 24). Und Jesus fügt hinzu: *Amen, ich sage euch, diese Generation wird nicht vergehen, bis das alles geschieht* (Mk 13,30).

Was versteht er unter »Generation«? Und wenn man unter Generation »Zivilisation« verstehen muss?

Werden wir wirklich eine neue Zivilisation bekommen oder wird der Herr vorher wiederkommen? Zu einer Zeit, in der man am wenigsten darauf gefasst sein wird? Wenn man davon ausgeht, dass man Gott endgültig aufgegeben hätte.

Kann es sein, dass Jesus vor den Pforten der Welt steht, ohne dass wir uns dessen bewusst sind?

Wenn das der Fall sein sollte, dann möge der Heilige Geist uns aus unserer Betäubung herausholen, uns aufwecken und uns die Kraft, den Glauben und den nötigen Mut geben, Jesus aufzunehmen und ihm den schönsten roten Teppich unseres Herzens auszurollen.

WACHT UND BETET, DENN IHR KENNT WEDER DEN TAG NOCH DIE STUNDE.
Und wenn es morgen wäre …

Göttlicher Bonus!

Die Früchte aus meiner Begegnung mit dem Heiligsten Herzen Jesu

Meine Begegnung mit dem Heiligsten Herzen hat mich völlig umgekrempelt. Natürlich war ich auch vorher gläubig und habe den Glauben praktiziert. Der Herr ließ mich jedoch jetzt wieder bei null anfangen. Er hat meine Gewohnheiten und Prioritäten weggenommen, damit ich sein Wort mit dem Herzen eines Kindes neu hören konnte. Ich habe das Evangelium im Licht seiner wahnsinnigen Liebe für uns wiederentdeckt und das hat alles verändert. Ich denke an ihn und »lebe« mit ihm in einer völlig anderen Weise. Nun besteht meine Beziehung nicht mehr nur als Geschöpf mit seinem Schöpfer, sondern ich erlebe eine echte Liebesgeschichte und angesichts unserer Wesensart ist sie ziemlich leidenschaftlich. Wir sprechen miteinander und unsere Geschichte spricht für uns. Da bewegt sich etwas, vibriert, ruft, liebt! Man kann sagen, dass viele Leute der Meinung sind, Gott sei tot und »erster Klasse begraben« worden«! Es ist genau das Gegenteil! Mit ihm langweilt man sich nie, sondern man wird lebhaft und lebendig. Tatsächlich habe ich nicht das Temperament einer »Stubenhockerin« und mir gefällt es nicht, wenn alles im Alltagstrott abläuft. Mit ihm ist das Leben spannend! Den jungen Menschen möchte ich gerne zurufen: »Wenn ihr etwas sucht, das von Bedeutung ist, wenn ihr die Liebe sucht, dann werft euch in die Arme Jesu. Ihr werdet nicht enttäuscht werden.« Sich zu betrinken, beliebig Sex zu haben, alle Grenzen zu überschreiten bringt gar nichts, es macht nur noch unglücklicher. Am Ende bricht man zusammen und verachtet sich selbst. So, was soll das dann? Und was kommt danach? Die Angst steigert sich und die Abhängigkeit ebenfalls. Und offen gesagt: Es ist nicht deshalb super, weil alle es tun. Dem Trend zu folgen, um so zu sein wie die Masse, dazu braucht man keinen Mut, sondern man ist eher dumm wie ein Schaf in der Herde. Der wahre Mut zeigt sich darin, die nötige Charakterstärke und Persönlichkeit aufzubringen, um eigenständig zu denken. Das bedeutet auch, dass wir den anderen nicht nur im Hinblick darauf lieben, was dies uns bringen könnte, und ihn als Vorratskammer für die Erfüllung unserer Wünsche zu betrachten, sondern ihn um seiner selbst willen zu lieben … ihn mit den Augen Christi zu sehen, ihn mit seinen Händen zu berühren, mit ihm mit seinen Worten zu reden und ihn mit seinem Herzen zu lieben. Wenn man jung ist, sehnt man sich nach Freiheit, Gerechtigkeit und Liebe. Je älter man wird, desto mehr findet man sich mit den kleinen Kompromissen ab, und schließlich stumpft das Herz ab und alle Träume werden zerstört.

Ihr jungen Leute seid da, um die Welt zu revolutionieren, und nicht, um ihr zu gehorchen! Von euch wird abhängen, was morgen sein wird. Eine echte Revolution der Liebe ist nicht Mai '68 mit all seinen Folgen von Unsinn, Ungereimtheiten und falschen Freiheiten, die in die schrecklichste Gefangenschaft geführt haben, zum Individualismus. Eine echte Revolution der Liebe besteht darin, »Ja zum Herrn« zu sagen und zu wagen, sich von ihm in der echten Freiheit der Kinder Gottes formen zu lassen.

Gott zu erfahren, ist die verrückteste aller Vorstellungen.

Folge 1
Maria

Je mehr ich mich in der Schule des Herzens Jesu entwickle, desto kleiner und unbedeutender fühle ich mich. Und je kleiner ich mich fühle, desto mehr entdecke ich die außerordentliche Größe der Jungfrau Maria. Ich bin von ihr stark beeindruckt! Diese junge Frau aus Nazareth, die durch den Mund eines Engels hört – das ist immer der direkte Stil des Herrn –, dass sie von Gott auserwählt wurde, die Mutter seines einzigen Sohnes zu werden! *And the winner is …* Das ist sie, die Auserwählte des ewigen und allmächtigen Gottes, nach der Entscheidung des Allerhöchsten! Aus allen Geschöpfen hat er sie ausgewählt. Welch ein *Casting!* Dies wäre ein Grund, sich etwas darauf einzubilden. Anstatt sich wichtig zu nehmen, lässt Maria sich von Gott leiten. Sie will nur durch ihn und für ihn leben. Sie ist die demütige Frau. Ihre Demut ist genauso unergründlich wie die Liebe Gottes. Was die Liebe betrifft, so hält Maria nichts zurück: Sie schenkt ihren Sohn uns, die wir Sünder sind. Ich persönlich würde meinem Nächsten weder Bein noch Arm von jemandem geben, den ich liebe. Und sie, sie schenkt ihren Sohn und ihren Herrn ganz. Noch heute liefert Maria ihr Kind einer Horde Menschen aus, die nicht aufhört, es durch ihre Kälte und Missachtung in Stücke zu reißen. Am stärksten beeindruckt mich, dass sie uns deswegen nicht böse ist. Sie hegt keinerlei Groll gegen uns. Die selige Jungfrau Maria verbringt ihre Zeit im Himmel damit, uns zu vergeben, uns zu lieben, uns zu trösten und für uns, die Lebenden und die Toten, zu beten. Sie ist nicht nur unsere Verbündete auf Erden, sondern auch im Jenseits.

Die erste Offenbarung, die ich vom Heiligsten Herzen Jesu erhielt, nachdem es mir seine wahnsinnige Liebe und seine unerschöpfliche Barmherzigkeit gezeigt hatte, war der Wunsch, Maria zu schätzen und sie als Mutter anzunehmen. Jesus ist darin übrigens sehr klar. Sagt er nicht zum Apostel Johannes in Bezug auf Maria: *Siehe, deine Mutter!* (Joh 19,27)? Die letzten Worte Christi am Kreuz, sein »Testament«, betreffen Maria. Es gibt nicht den kleinsten Zweifel: Der Sohn Gottes wünscht, dass wir seine Mutter als unsere Mutter annehmen. Und eine Mutter ist immer im Zentrum des menschlichen Herzens, unabhängig vom Alter.

Im Evangelium bestätigt Jesus bei der Hochzeit von Kana die einzigartige Stellung, die die Jungfrau Maria bei Gott innehat: *Am dritten Tag fand in Kana in Galiläa eine Hochzeit statt, und die Mutter Jesu war dabei. Auch Jesus und seine Jünger waren zur Hochzeit eingeladen. Als der Wein ausging, sagte die Mutter Jesu zu ihm: Sie haben keinen Wein mehr. Jesus erwiderte ihr: Was willst du von mir, Frau? Meine Stunde ist noch nicht gekommen* (Joh 2,1–4). Auf den ersten Blick könnte man denken, Jesus würde seine Mutter wegschicken, aber das Gegenteil ist der Fall. Seine Antwort *Meine Stunde ist noch nicht gekommen* zeigt die außerordentliche Vertrautheit, die sie miteinander verbindet. Sie sprechen verschlüsselt miteinander. Nur Maria weiß, dass er von der Stunde gesprochen hat, in der er sein Blut für unsere Sünden opfern wird. In diesem Moment ist es nicht mehr »ihr Sohn Jesus«, der zu ihr spricht, sondern Gott selbst. Ihre Antwort *Tut, was er euch sagt* weist auf ihr Vertrauen in Gott und in ihren Sohn hin. Das ist nicht das Verhalten einer Mutter, die gekränkt ist, weil ihr Kind sie zurückgewiesen hat. Maria hat den inneren Frieden und ist sich ihrer selbst sicher. Sie bittet für uns, weil sie Gott kennt und nur seinen Willen erfüllen will. Sie ist in die Mysterien des Höchsten eingeweiht und kennt diese par excellence.

Maria hat ihren Platz im Herzen der Heiligsten Dreifaltigkeit. Sie ist die Verbindung, das Bindeglied, zwischen Gott und den Menschen. Christus entspricht ihrer Bitte gern: Er verwandelt Wasser in Wein und alle haben zu trinken. Dieses Wunder lässt uns in prophetischer Weise an seinem Tod und seiner Auferstehung teilnehmen. Sein Blut, für uns vergossen, in Wasser verwandelt, wird das Wasser der Taufe, das uns von unseren Sünden reinigt und befreit.

Könnte die Hochzeit, die man in Kana feiert, nicht möglicherweise die »offizielle« Hochzeit zwischen Gott und Maria sein?

Maria, die Unbefleckte Empfängnis.

Diese Frau, diese Tochter Evas, hat niemals in ihrem ganzen Leben gesündigt. Kein einziges Mal war sie Gott ungehorsam. Nie hat sie aufgehört, ihn zu lieben. Ihr »Ja« hatte Gültigkeit für ihr ganzes Leben – und ihre Rolle war nicht auf die Schwangerschaft begrenzt … »Niemals im Leben sündigen«, wenn man das bedenkt, wird einem schwindelig! Es erscheint einfach nicht realisierbar. Aber sie, sie hat es realisiert, und nicht mit Worten. Sie hat wirklich so gelebt! Satan hat bestimmt auf viele Arten versucht, sie zu Fall zu bringen. Die Versuchungen und die Fallen entsprachen den empfangenen Gnaden, das heißt, sie waren unvorstellbar groß. Sie war kein Roboter, auch sie hatte einen freien Willen. Aber sie hat bis zum Ende durchgehalten. Am Fuß des Kreuzes hat der Teufel alles getan, um sie so weit zu bringen, dass sie sich auflehnt: eine Mutter, die sieht, wie ihr Kind gekreuzigt wird aus Liebe zu den Geschöpfen, die ihn anspucken und ihn beleidigen! Maria hat für ihren gepeinigten Sohn gebetet und sie hat für uns gebetet. Die Worte Christi *Vater, vergib ihnen, denn sie wissen nicht, was sie tun* finden einen grenzenlosen Widerhall in ihrem Herzen als Mutter der ganzen Menschheit.

Warum haben so viele Leute ein Problem mit der Jungfrau Maria? Auch unter den Christen. *Jesus, o. k., das geht, aber seine Mutter, oh … schon gut. Sie hat ihren Job gemacht, lass uns von etwas anderem reden.* Hat Jesus nicht gesagt *Denn wenn man dies tut an dem grünen Holz, was wird an dem dürren geschehen?* Wenn Gott Maria eingesetzt und dann vergessen hätte, indem er sie als einfaches Werkzeug benutzt hätte, das dann in der Versenkung der Vergangenheit verschwunden wäre, was würde dann aus uns werden? Gott hat für Maria einen einzigartigen und grundlegenden Platz vorgesehen, und das für die ganze Ewigkeit.

Der Herr hat gesagt, dass wir nach unseren Früchten gerichtet werden: *Jeder gute Baum bringt gute Früchte hervor, ein schlechter Baum aber schlechte* (Mt 7,17). Was war also die Frucht Marias? *Du bist gebenedeit, Maria, unter allen Frauen, und gebenedeit ist Jesus, die Frucht deines Leibes.*

Die Frucht Marias ist Jesus. Und damit ist alles gesagt.

Im großen Plan vorgesehen: Josef

Welch ein Mann, dieser Josef! Man neigt dazu, seine Rolle auf die einer einfachen Randfigur zu reduzieren, und das ist wirklich schade. Josef ist keineswegs passiv, er ist viel mehr als die kleine »Krippenfigur«, die man einmal im Jahr herausholt.

Gott hat ihm die außerordentliche Aufgabe anvertraut, über seinen einzigen Sohn und über die Unbefleckte Empfängnis zu wachen! Welch ein Vertrauen vonseiten des Herrn! Es war nicht irgendein Mann, den Gott auf diese Weise auserwählt hat und dem eine solche Verantwortung übertragen worden ist. Josef war von großer Reinheit. Ein Mann von entschlossenem Charakter, aufrecht und verantwortungsvoll. Und stellen Sie sich vor: Welch ein Glaube! *Während er noch darüber nachdachte, siehe, da erschien ihm ein Engel des Herrn im Traum und sagte: Josef, Sohn Davids, fürchte dich nicht, Maria als deine Frau zu dir zu nehmen; denn das Kind, das sie erwartet, ist vom Heiligen Geist* (Mt 1,20). Josef glaubt, Josef handelt: *Als Josef erwachte, tat er, was der Engel des Herrn ihm befohlen hatte, und nahm seine Frau zu sich* (Mt 1,24). Er tut es, er hat keine Angst. Als der Engel ihm sagt, er solle nicht nach Nazareth zurückkehren, zögert er ebenfalls keinen Augenblick und ändert seine Pläne, um dem göttlichen Willen zu folgen: *Steh auf, nimm das Kind und seine Mutter und flieh nach Ägypten … Da stand Josef auf und floh in der Nacht mit dem Kind und dessen Mutter nach Ägypten* (Mt 2,13–14). Statt in aller Ruhe nach Nazareth zurückzukehren und sein friedliches einfaches Leben dort fortzuführen, bricht er ins Ungewisse auf! Er versäumt keine Minute, er ist ein Mann der Tat, er legt los, er hat Mumm, er hat Stärke. Welch ein Mut, heiliger Josef! Gott ist mit ihm, er hat vor nichts Angst. Man muss bei ihm eher an *Indiana Jones*[37] als an eine starre Krippenfigur denken!

Josef, »der Abenteurer Gottes«, Josef, »der Chef des göttlichen Unternehmens«, der Bevollmächtigte, der die Heilige Familie führen sollte! Welcher Druck! Ihm wurde eine große Aufgabe übertragen! Und er hat für Sicherheit gesorgt. Alle Achtung.

In Zukunft werde ich mich mit meinen Bitten in meinen persönlichen Angelegenheiten und meiner Arbeit an Josef wenden.

---

37 *Indiana Jones* ist die fiktive Hauptfigur aus der gleichnamigen Abenteuerfilmreihe (Anm. d. V.).

Folge 2
Die Eucharistie

Was die Früchte dieser Begegnung mit dem Heiligsten Herzen Jesu angeht, so möchte ich nun von etwas ganz Wesentlichem sprechen: von der Bedeutung der Eucharistie! Dieses Sakrament ist die Lunge für unser Leben, für unser Leben als Christen. Ohne Sauerstoff sterben wir. Über den Gebeten, den Rosenkränzen und den unbedingt notwendigen Werken der Nächstenliebe steht die Eucharistie, die einzig wirkliche Nahrung, die auf einmalige Weise für unsere Seelen von Nutzen ist. Die Eucharistie ist nicht nur das Heilmittel für die leidende Menschheit, sondern auch die absolut notwendige Nahrung für jeden Getauften. Das »Brot des Lebens« trägt seinen Namen zu Recht und das aus gutem Grund. Jesus bezeichnet sich selbst so in diesem heiligen Sakrament. Er wiederholt es immer wieder, z. B. bei Johannes: *Wer mein Blut trinkt und mein Fleisch isst, hat das ewige Leben* (Joh 6,54). Der Herr sagt dies zu uns nicht, um unser Leben als Christen ein bisschen zu verschönern oder um etwas Sensationelles zu tun, sondern weil er weiß, dass sein Fleisch und sein Blut die einzig wirkliche Nahrung ist, die uns aufrechterhält bis zum ewigen Leben. Jedes lebendige Wesen, egal, wie alt es ist, ein Neugeborenes, ein Erwachsener in den besten Jahren oder ein ziemlich weiser Greis, muss sich ernähren, sonst stirbt es. Dasselbe gilt für die Eucharistie. Man soll sich nicht sagen: *Ich gehe jeden Sonntag zur Kommunion, das ist schon genug.* Meinen Sie, es würde ausreichen, wenn Sie nur eine Mahlzeit pro Woche einnehmen und den Rest der Zeit fasten würden? Ja, ich weiß, dass Dünnsein modern ist, aber dennoch wäre es in Ihrem Fall mehr als besorgniserregend. Dasselbe gilt für das »Brot des Lebens«. Wir Katholiken sollten diese unerhörte, jedes Verständnis übersteigende Gnade nutzen, die der Herr uns schenkt, indem er sich uns in diesem heiligen Sakrament ganz und gar hingibt mit »Leib und Seele«. Die ganze Menschheit und ebenso die ganze Gottheit Jesu ist in der Eucharistie enthalten: von der Krippe über seine Verkündigung während der Lehrjahre bis zu seiner Passion, in der er schlimmste Qualen für uns erlitten hat, bis zu seinem Tod am Kreuz und schließlich bis zu seiner Auferstehung. Alles ist darin eingeschlossen.

Zur Kommunion zu gehen bedeutet nicht nur, Nahrung für die Seele zu erhalten, sondern ihn in allen Abschnitten seines Lebens zu ehren. Die Kommunion ist ein unmittelbares, körperliches Credo, bei dem das Fleisch, die Menschwerdung, stärker ist als das Wort. Lassen wir Christus in uns handeln und lassen wir zu, dass er uns durch diesen so ergreifenden Liebesbeweis, dieses Zeichen seines Vertrauens, formt, das er uns in jeder Eucharistie schenkt.

Das Schlimmste, was geschehen könnte, wäre, eines Tages darauf verzichten zu müssen. Gott möge uns davor bewahren! Ja, Jesus lädt uns dazu ein, uns nach ihm zu sehnen. Werden wir abhängig von diesem größten Sakrament! Aber Vorsicht, nicht irgendwie. Auch wenn keine Seele eine solche Gnade verdient, muss sie doch alles tun, um sich darauf innerlich so gut wie möglich vorzubereiten, um ihn in sich aufzunehmen. Kommunizieren heißt, Jesus, den menschgewordenen Gott, am Tisch unseres Lebens zu empfangen. Wenn wir Freunde zum Essen einladen, achten wir darauf, dass unser Haus aufgeräumt und so schön wie möglich hergerichtet ist. Wenn es darum geht, Gott selbst in diesem unvergleichlichen Sakrament zu empfangen, warum unternehmen wir dann nicht die gleichen Anstrengungen? Aus welchem Grund dürfen wir ihn in denselben abgetragenen, schmutzigen und durchlöcherten Kleidern empfangen, die auf unsere letzte Beichte zurückgehen – wann hat diese eigentlich stattgefunden? Als ob wir es wären, die dem Allmächtigen »die Ehre« gäben, ihn zu empfangen.

Einige Zeit nach meinem Unfall, als ich noch den Duft meiner Begegnung mit dem Heiligsten Herzen an mir trug und das starke Gefühl eines jungen Mädchens empfand, das gerade die Arme seines Liebsten verlassen hatte, erlitt meine Seele ziemliche Qualen. Es war während einer Messe. Die Szene, weit davon entfernt, lustig zu sein, spielte sich in einer ganz kleinen Kirche auf dem Land, umgeben von einem Friedhof, der an die Felder grenzt, ab. Es war an einem Samstagabend bei der Vorabendmesse. Ich mag die intime Atmosphäre dieser kleinen Kirchen besonders, da sie wie eine Schutzhülle sind, in der man sich gut sammeln kann. An diesem Tag war meine Seele von einer Sünde verunreinigt, die ich vergessen hatte und von der ich dann dachte, dass sie nicht so schlimm sei – wer bin ich, das zu beurteilen? Gott ist der einzige Richter, nicht wir –, aber ich fühlte mich besonders unrein und unwürdig, Jesus in der Eucharistie zu empfangen. Ich bedurfte seiner jedoch so sehr. Aus Liebe und Respekt entschied ich mich, die Kommunion nicht zu empfangen. Nach einigen Minuten, als ich es nicht mehr aushielt, überwältigt von der Vorstellung, bei diesem Rendezvous, das die Messe ist, seiner beraubt zu sein, flehte ich den Allerhöchsten an: *Herr, ich bitte dich, gib mir einen »Kredit an Vergebung«. Ich verspreche dir, so bald wie möglich zu beichten, aber bitte, gib mir ein Zeichen, eine Einladung deinerseits, dass ich kommunizieren darf.* Die Messe setzte sich fort bis zum Augenblick der heiligen Kommunion. Da die Zeit, die noch zur Verfügung stand, kürzer wurde, betete ich noch inständiger: *Ich bitte dich, Herr, komm mir zu Hilfe, ich bedarf deiner so sehr, gib mir »grünes Licht« …* Ich drehte den Kopf nach rechts, nach links und hielt Ausschau nach einem kleinsten Zeichen, nichts! Wie eine Sanduhr, die das Ende meiner Tage anzeigt, erlebte ich ohnmächtig das Ende der Austeilung des Leibes Christi. Als die Messe beendet und die Kirche wieder leer war, weinte nur meine hundertjährige Seele in einem Winkel, das Gesicht war in den Händen vergraben. Verletzt bis ins tiefste Innere meines Seins flossen die Tränen in dem Maß, wie der Schmerz meine Seele erfüllte. *Er liebt mich nicht mehr, er will nichts mehr von mir wissen.* Auf dem Höhepunkt meiner Verzweiflung mit einem Gefühl der Verlassenheit kniete ich in der Bank und spürte plötzlich die Gegenwart und den frohen Blick von Jesus und Maria genau vor mir. Ich blickte genauer hin, da war niemand, doch trotzdem waren sie da und sahen mich an, fröhlich und mit Nachdruck. *Jesus, Maria, ich verstehe es nicht … mein Schmerz bereitet euch Freude?* Sie freuten sich noch mehr, ich schluchzte noch mehr. Aus der Ferne das Echo einer Stimme: »Sie müssen gehen. Wir schließen die Kirche.« Ich nahm mein Kreuz auf mich, bekreuzigte mich und verließ das Gotteshaus. Als ich den Friedhof durchquerte mit dem Schmerz in meiner Seele, erblickte ich plötzlich eine aufgeregte Frau, die von der Straße kam und geradewegs auf mich zusteuerte mit einem Ziborium in ihren Händen.

»Mein Gott, das ist eine Katastrophe«, rief sie aus, »der Herr Pfarrer ist weggegangen und hat den Schlüssel für den Tabernakel mitgenommen. Nun stehe ich da mit all den Hostien und weiß nicht, was ich damit tun soll …«

Auch ich wusste nicht, was sie damit tun sollte. Plötzlich hellte sich das Gesicht der Frau auf.

»Hier«, rief sie und reichte mir das mit Hostien gefüllte Ziborium, »nehmen Sie, essen Sie alle, es darf keine einzige übrig bleiben!«

Meine Seele und ich waren so verblüfft, dass es mir die Sprache verschlug.

»Nur zu!«, insistierte sie und begleitete ihre Worte mit der entsprechenden Geste.

Mein Herr, das Zeichen, auf das ich so sehr gehofft hatte, damit ich die Kommunion empfangen konnte, gibst du mir jetzt. Du kommst zu mir im Überfluss wie bei der Brotvermehrung. Wart ihr deswegen so überglücklich, deine Mutter und du? Das war ein heimliches Einverständnis unter euch! Und mein Schmerz, der einer verliebten Frau, die auf ihre geliebte Eucharistie verzichten musste, war für euch der süßeste aller Kelche. Aus Ehrfurcht habe ich nicht kommuniziert und aus Liebe ist dein Kelch bis zum Überfluss gefüllt zu mir gekommen!

Das war so überwältigend, dass ich es nicht wagte, sie anzurühren. Wenn ich heute daran denke, bedauere ich das zutiefst.

Ein anderes Mal, mitten in der Fastenzeit, hat mich Jesus streng getadelt.

Nach einer Woche voller Anstrengungen und Einschränkungen aller Art fühlte ich mich erschöpft und schleppte mich mühevoll zur Messe. Ich kam zu spät, der Gottesdienst war bereits halb vorbei. Der Priester bemerkte es. Ich spürte sein Missfallen, was ich gut verstand: Die Messe ist heilig. Im Augenblick der Kommunion zögerte ich: *Gehe ich oder gehe ich nicht?* Schließlich gab ich meiner Sehnsucht nach Gott den Vorrang und ich reihte mich in die Schlange ein. Als ich an der Reihe war, blieb ich mit klopfendem Herzen vor dem Priester stehen, um meinen Vielgeliebten zu empfangen. Aber der Priester betrachtete mich, ohne dass er sich bewegte. Ich verstand nicht, was vor sich ging, und wartete mit angehaltenem Atem. Nach einigen Sekunden, die mir unendlich lang erschienen, machte er ein Kreuzzeichen auf meine Stirn und sagte: »Der Herr segne und behüte dich.« Und das war alles. Entsetzen in meinem Herzen! Höchste Scham, nicht vor der Gemeinde – ich bin es gewohnt, dass man mich als einen »besonderen Fall« betrachtet –, sondern vor Gott. Ich wusste nicht mehr, was ich tun sollte. Völlig verzweifelt ging ich zurück. Diese Geste des Priesters war mehr als hart, denn aus der Eucharistie schöpfe ich die Kraft, um weiterhin kämpfen zu können, um zu versuchen, den Willen Gottes zu erfüllen, und er, der das nicht wusste, beraubte mich dieser Kraft.

Schwach und müde vom Kämpfen verließ ich die Kirche wie eine Wachtel auf einem Silbertablett, der Willkür des Dämons ausgesetzt. Dem Priester war ich nicht böse, denn es war mir bewusst, dass er als Werkzeug gedient hatte, um mich verstehen zu lassen, dass man Gott verletzt, wenn man zu spät zur Messe kommt. *Aber trotzdem, der Priester kennt mich doch, wie kann er mir das antun?!* Nicht dass ich besser wäre als andere, aber er kennt meinen Glauben und meine echte Liebe zu Christus. Satan, der keine Gelegenheit auslässt, uns beim geringsten Anlass fertigzumachen, ließ mich bis zum nächsten Tag nicht in Ruhe. Ich durchlebte alle möglichen Seelenzustände, natürlich negative. In meiner Haut fühlte ich mich so schlecht und ich war so wütend, dass ich jeden Augenblick hätte umkippen können. Da ich nur auf mich selbst gestellt war, konnte »er« mich pflücken wie eine reife Frucht. Ich erlebte vierundzwanzig Stunden lang Angst und Schrecken und konnte förmlich spüren, wie er mich umkreiste und wie ihm das Wasser im Mund zusammenlief. Es war nur eine Frage der Zeit. Ich flehte den Herrn inständig an, mir zu Hilfe zu kommen, aber sogar das Beten fiel mir schwer. Je mehr Zeit verging, desto mehr entfernte ich mich. Der Böse – der seine Zeit damit verbringt, uns anzuklagen, der aber vollkommen gefällig sein kann, wenn es ihm passt – flüsterte mir unaufhörlich zu: *Jetzt schau dir mal die Großzügigkeit deines Gottes an. Seit Beginn der Fastenzeit machst du übermenschliche Anstrengungen und nun sieh, wohin dich das gebracht hat! Das alles führt zu gar nichts. Wozu soll es gut sein zu kämpfen?* An diesem Tag führte ich einen echten Kampf gegen mich selbst. Vielleicht war es der Kampf Jakobs.

Am nächsten Tag fühlte ich mich so schwach und schlecht, dass ich beinahe die Messe ausfallen lassen wollte. Meine Nerven waren extrem angespannt und meine Stimmung gedrückt. Derselbe Priester zelebrierte, was mich noch mehr verstörte. In dem Moment, als ich mich in die Schlange einreihte, um zu kommunizieren, achtete ich sorgfältig darauf, mich so einzureihen, dass ich nicht zu ihm kam: *Man weiß nie, er könnte sich erinnern und mich ein weiteres Mal der Kommunion berauben* – obwohl ich pünktlich gekommen war. Der Priester war ganz hinten in der Kirche, hinter mir, und ich war ganz froh, ihm den Rücken zuzudrehen nach dem, was er mir angetan hatte! Plötzlich sagte Jesus zu mir: *Verlass die Schlange, geh nach hinten und kommuniziere bei ihm.* Ein weiteres Mal wurden alle auf mich aufmerksam. So natürlich wie möglich verließ ich die Schlange, fast so, als würde ich fröhlich vor mich hin pfeifen, und zog natürlich alle Blicke auf mich, ohne dass es mir bewusst war. Blass, kurz davor, ohnmächtig zu werden, ging ich zu diesem Priester. Als ich an der Reihe war, gab er mir die Hostie, als ob nichts gewesen wäre. Ende der Messe. Ich begab mich direkt zum

Heiligsten Altarsakrament, um zu beten. Dort dankte ich dem Allmächtigen, dass er sich mir in diesem unvergleichlichen Sakrament geschenkt hat, und ich dankte ihm noch mehr, dass er mir die Kraft gegeben hat, ihm zu gehorchen. Als ich mein Gebet beendet hatte, drehte ich mich um und der Priester stand direkt vor meiner Nase! Wir gaben uns verlegen die Hand. Ich begann, ihm etwas Unwichtiges zu erzählen, als er mich plötzlich unterbrach:

»Wissen Sie, Natalie, mein Verhalten gestern hat nichts mit einer Bestrafung zu tun. Da Sie nach der Lesung und dem Evangelium gekommen waren, dachte ich, dass es besser wäre, so vorzugehen. Man kann nicht die Lesung des Wortes Gottes von der ›Lesung‹ der Eucharistie trennen. Die Kommunion ist kein *Selfservice*.«

»Herr Pfarrer, Sie haben vollkommen recht und ich stimme mit Ihnen vollkommen überein, dass *die Kommunion kein Selfservice ist,* nur dass ich mich den ganzen Tag bereits darauf vorbereitet und die Texte schon gelesen hatte. Außerdem können Sie sich nicht vorstellen, was ich alles unternommen hatte, um diese Messe besuchen zu können! – Wenn man ehrlichen Herzens kommt, ist das ein Passierschein, der alle Barrieren und Abweichungen einreißt. Da Sie eine besondere Hochachtung vor der Eucharistie haben, die ich vollkommen mit Ihnen teile, dann sagen Sie doch den Gemeindemitgliedern, die niemals beichten – das wissen Sie besser als ich – und die sich zur Kommunion drängen, dass sie die Eucharistie nicht als *Selfservice* betrachten sollen, um Ihren Ausdruck zu gebrauchen.« Der Priester hörte mir aufmerksam zu, ohne ein Wort zu sagen, schließlich brachte er heraus: »Sie haben recht.« Ich beendete das Gespräch, indem ich ihm nicht vorwurfsvoll, sondern von Herzen sagte: »Herr Pfarrer, Sie haben mir die schlimmste Strafe zugefügt, denn ich liebe den Herrn wirklich, aber Sie haben es richtig gemacht.«

Ich nahm seinen Arm, er nahm meinen, beinahe hätten wir uns umarmt, Jesus hatte gesiegt. Aus für den Bösen.

Folge 3
Glaube – Gebet – Hingabe – Demut

Alles ist Gnade, alles kommt von Gott, aber der Herr zählt auf unserer Beteiligung. Erinnern wir uns an das Wunder der Brotvermehrung: *Das Pascha, das Fest der Juden, war nahe. Als Jesus aufblickte und sah, dass so viele Menschen zu ihm kamen, fragte er Philippus: Wo sollen wir Brot kaufen, damit diese Leute zu essen haben?* (Joh 6,4–5). Wie kommt es, dass Jesus seine Jünger fragt *Wo sollen wir Brot kaufen?*, da er doch der Messias ist und alles weiß? Ein wenig später gibt uns das Evangelium die Erklärung: *Das sagte er aber nur, um ihn auf die Probe zu stellen; denn er selbst wusste, was er tun wollte* (Joh 6,6).

Der Herr will, dass wir ihn hören, dass wir ihm vertrauen und uns ihm übergeben. Er testet unseren Glauben, unser Vertrauen in seine Liebe zu uns. Gott bittet uns inständig darum, an seiner Herrlichkeit teilzuhaben. *Dir geschehe nach deinem Glauben. – Dein Glaube hat dich gerettet. – Geh und sündige nicht mehr.* Er möchte unseres Einsatzes bedürfen. Das Wunder kommt von Gott, aber »die Brote und die Fische« tragen wir herbei. Der heilige Boden, auf dem Wunder am besten geschehen können, ist unser Glaube. Aber was bedeutet der Glaube? Besteht er nur darin, dass man glaubt, dass Gott existiert? In diesem Fall wäre Satan ein großer Glaubender. Er ist davon überzeugt, dass Gott existiert, da er nicht aufgehört hat, ihn zu bekämpfen! Der Glaube hat seine Grenze nicht in einer Überzeugung, er lädt dazu ein, im Namen der Hoffnung über sich selbst hinauszuwachsen. Glauben bedeutet, trotz aller Widrigkeiten zu vertrauen und davon überzeugt zu sein, dass Gott uns liebt und uns nicht verlässt. Was auch immer geschieht, so dürfen wir doch niemals an seiner Liebe, an seiner Treue und an seinem Wohlwollen uns gegenüber zweifeln. In meiner Karriere als »In-Christus-Verliebte« habe ich oft gehört: »Wenn es einen Gott gäbe, dann gäbe es all das Unglück nicht!« oder: »Ich habe niemals etwas Böses getan und nach allem, was ich an Schmerzhaftem erlebt habe, kann ich nicht an die Existenz Gottes glauben«. Wenn man davon ausginge, dass Gott allein auf der Erde wäre ohne das Böse, dann wäre es legitim, so zu denken, und ich würde sogar hinzufügen: »Dieser Gott, der uns leiden sieht, ohne etwas zu tun, wäre ein sadistischer Gott!« Aber Gott ist nicht allein, das Böse existiert. Und in unserer Welt geht es ihm prächtig.

Gott ist absolut in der Liebe, im Guten und in der Wahrheit. Er ist nicht zugleich etwas und auch das Gegenteil dessen. Er ist »ICH BIN« und das in der ganzen Ewigkeit. Er ist weder in sich zerrissen noch wankelmütig im Gegensatz zu den Menschen. Er ist die Quelle der Liebe. Alles, was nicht die Frucht der Liebe ist, kommt nicht von Gott, sondern vom Teufel. Das klingt vielleicht veraltet, aber es ist tatsächlich die Realität. So sehr, wie der Herr Liebe und Leben ist, so sehr ist Satan Hass und Tod. Gott will unser Glück, Satan unsere Zerstörung.

Um wahrhaft lieben zu können, muss man seine Liebe aus der göttlichen Quelle schöpfen. Umgekehrt ist es nicht nötig, an ihn zu glauben, um Böses zu tun. Die Kraft des Bösen besteht genau darin, dass man nicht an Gott glaubt. Somit kann er mit uns tun, was er will, als gut funktionierende, gehorsame kleine Marionetten wie im Film *Chucky*[38]. Wie viele verheiratete Männer erliegen dem Reiz schöner Wesen und verlassen Frau und Kinder um der sogenannten Liebe willen? Ohne es zu wissen, überlassen sie sich

[38] *Chucky* ist ein amerikanischer Horrorfilm (Anm. d. V.).

den Armen der Schlange. Wenn das Traumwesen sein wahres Gesicht zeigen würde – das des Dämons –, würden sie wegrennen! Die Gefahr besteht darin, dass man den Bösen nicht kommen sieht, und plötzlich gerät man in seine Fänge! *Zum Angriff, kleine Marionetten, stürzt euch auf die Mauer! Dahinter erwartet euch der Genuss der Ewigkeit.* Wie ein dichter Nebel trübt die Dunkelheit unseren Blick immer mehr, bis das Auge ganz verdorben ist. Am Anfang geht es nur um einen unmerklichen, leichten und angenehmen Schleier, der schließlich zum erdrückenden Leichentuch wird. Luzifer ist ein Verführer, ein Zauberkünstler. Er kennt unsere Neigungen und unsere Schwächen sehr genau und benutzt sie auf perfekte Weise, damit wir schreckliche Dinge tun. Selbst wenn man an Gott glaubt, fällt man darauf herein. Niemand ist davor geschützt. Um die Unterscheidung der Geister vornehmen zu können, muss man zum Heiligen Geist beten. Und man muss umso mehr beten, um in der Lage zu sein, der Versuchung zu widerstehen! *Wacht und betet, damit ihr nicht in Versuchung geratet! Der Geist ist willig, aber das Fleisch ist schwach«* (Mt 26,41). Das Gebet ist sehr wichtig und grundlegend. Wie ein Virtuose jeden Tag seine Fingerübungen macht, wollen wir uns im täglichen Gebet einüben. Es ist besser, jeden Tag fünfzehn Minuten zu beten als einmal im Jahr einen ganzen Tag lang! Beten heißt, Gott Zeit zu schenken, um auf ihn hören zu können. In der Stille offenbart sich sein Wort. Wenn ich das Radio bis zum Anschlag aufdrehe oder wenn ich den Fernseher anstelle, während ich mit den Goldfischen rede, brauche ich mich nicht zu wundern, wenn ich nicht höre, wie jemand an die Tür klopft. Genauso ist es mit Gott. Wie sollen wir ihn hören im lauten Getöse unseres Lebens? Man muss ihm Raum geben und sich bereithalten, ihm zuzuhören. Das Gebet ist der privilegierte Ort einer Begegnung mit ihm. Er belehrt uns, er formt uns, er bereitet uns vor, damit wir lieben können wie er. Selbst wenn wir ein großes Herz haben, müssen wir es pflegen. Auch das bestentwickelte iPhone benötigt eine bestimmte Zeit, bis es wieder aufgeladen ist. Das Gebet ist die Nabelschnur, die uns mit dem Herrn verbindet. Es ist das Kalzium für unsere Seele, das Gerüst für unser Leben. Selbst Jesus, der menschgewordene Gott, zog sich auf den Berg zurück, um zu beten. Was soll man dem noch hinzufügen? Je mehr man betet, desto leichter wird es, je weniger man betet, desto anstrengender ist es. Alles liegt an der Regelmäßigkeit. Wenn man anfängt, »eine Mauer zu bauen«, und zulässt, dass man das Gebet nur unregelmäßig praktiziert, dann hat man verloren. Man entfernt sich immer mehr von ihm, ohne dass man es bemerkt, bis man sich schließlich endgültig verabschiedet. Es ist wie bei einem Bügeleisen, dessen Stecker man herauszieht. Am Anfang ist es noch sehr heiß, dann heiß, danach lauwarm, bis es dann schließlich abkühlt und kalt ist. Wir wollen wachsam sein, denn der grausame Feind beobachtet uns ununterbrochen. Beichte, Eucharistie, Gebet, Lektüre des Wortes Gottes – auch wenn nur kurz – sind wesentlich. Tatsächlich sind wir Kranke, die der Behandlung bedürfen, und diese finden wir bei Gott.

Um noch einmal auf den berühmten Satz zurückzukommen »Wenn es einen Gott gäbe, dann gäbe es all das Unglück nicht«, muss man nur Eltern beobachten. Denn welcher Papa, welche Mama würde sich freuen, wenn sie sehen würden, wie ihr Kind leidet? Sie hätten zumindest ein ernsthaftes Problem. Wenn nun wir unvollkommene, vom Geist des Bösen beeinträchtigte Geschöpfe um nichts in der Welt möchten, dass denjenigen, die wir lieben, ein Unglück zustößt, dann möchte dies Gott noch viel weniger!

Immer wenn wir leiden, leidet der Herr mit uns. Und nicht nur äußerlich, denn wir sind in ihm und er ist in uns. Unsere Schmerzen kreuzigen das Herz Gottes, unser Unverständnis geißelt ihn und unser Aufbegehren ruft seine Wundmale hervor. Und was Satan betrifft, so freut er sich über die Tatsache, dass wir glauben, dass er – der Teufel – nicht existiert!

Folge 4
Das Gesetz und die Gebote

Viele Menschen sind der Meinung, dass die Gebote ein Hindernis für ihre Freiheit und ein Hemmnis für ihr Glück seien. *Mach dies nicht, mach das nicht, ich bin aus dem Alter raus, in dem man mir sagen konnte, was ich machen sollte. Und außerdem ist das, was Gott mir verbietet, genau das, was mich am meisten anzieht!* So gesehen stimmt es, dass das nicht besonders attraktiv ist. Wenn man nur das Gesetz ohne das Herz des Gesetzes, die Liebe Gottes, betrachtet, dann ist das tatsächlich alles andere als anziehend. In Wirklichkeit zeigt unser Herr uns jedoch durch seine Gebote seine Liebe. Er ist wie eine Glucke, die ihre Kleinen behütet und erzieht. Er ist unser Vater, wir sind seine Kinder, Er weiß, was gut für uns ist und was uns zerstört. »Seine Verbote« sind nicht dazu da, um uns seine Allmacht zu zeigen und uns das Leben schwer zu machen, sondern sie wollen uns vor dem Schlimmsten bewahren.

Ich werde mich immer an eine beeindruckende Geschichte erinnern: Während eines besonders rauen Winters hatte ich ein befreundetes Ehepaar übers Wochenende eingeladen. Sie waren mit ihrer kleinen vierjährigen Tochter da. Als wir von einem langen Spaziergang im Wald nach Hause kamen, beeilten wir uns, Feuer im Kamin zu machen, damit sich unsere durchgefrorenen Körper aufwärmen konnten. Nach einigen Minuten, als die Flammen am höchsten schlugen, stürzte das kleine Mädchen auf den Kamin zu! Zum Glück konnte die Mutter es gerade noch zurückhalten und so vor dem Schlimmsten bewahren. Das Kind, das die Rettungsmaßnahme überhaupt nicht verstand, schrie sie an: »Böse Mama, ich will mich aufwärmen und du lässt mich nicht!« Seine Mutter wusste, dass ihr kleines Mädchen in den Flammen verbrennen könnte, wenn es dem Feuer zu nahe käme, und deshalb hat sie es verhindert. Das Kind dagegen hatte die Gesamtsituation nicht im Blick. Es kannte nur seinen momentanen Wunsch. Sehr oft reagieren wir vor Gott genauso. *Warum hinderst du mich, dies zu tun, Herr, das würde mir guttun.* Gott jedoch weiß, was gut für uns ist, nicht wir. Wir müssen ihm vertrauen. Die Gebote sind nicht dazu da, um unsere Freiheit zu untergraben, sondern um uns zum wahren Glück zu führen, nicht nur zum ewigen Glück, sondern auch jetzt schon zu einem glücklichen Leben. Viel Kummer und viele Leiden könnten wie uns ersparen, wenn wir dem göttlichen Willen folgen würden!

Und tatsächlich kann man feststellen, dass man zufriedener und viel fröhlicher und ausgeglichener ist, wenn man sich so verhält, wie es Gott gefällt, als wenn man sein Gesetz übertritt.

Folge 5
»Der verlorene Sohn«, die Kernbotschaft des Evangeliums

Ein Mann hatte zwei Söhne. Der jüngere von ihnen sagte zu seinem Vater: Vater, gib mir das Erbteil, das mir zusteht! Da teilte der Vater das Vermögen unter sie auf. Nach wenigen Tagen packte der jüngere Sohn alles zusammen und zog in ein fernes Land. Dort führte er ein zügelloses Leben und verschleuderte sein Vermögen. Als er alles durchgebracht hatte, kam eine große Hungersnot über jenes Land und er begann, Not zu leiden. Da ging er zu einem Bürger des Landes und drängte sich ihm auf; der schickte ihn aufs Feld zum Schweinehüten. Er hätte gern seinen Hunger mit den Futterschoten gestillt, die die Schweine fraßen; aber niemand gab ihm davon. Da ging er in sich und sagte: Wie viele Tagelöhner meines Vaters haben Brot im Überfluss, ich aber komme hier vor Hunger um. Ich will aufbrechen und zu meinem Vater gehen und zu ihm sagen: Vater, ich habe mich gegen den Himmel und gegen dich versündigt. Ich bin nicht mehr wert, dein Sohn zu sein; mach mich zu einem deiner Tagelöhner! Dann brach er auf und ging zu seinem Vater. Der Vater sah ihn schon von Weitem kommen und er hatte Mitleid mit ihm. Er lief dem Sohn entgegen, fiel ihm um den Hals und küsste ihn. Da sagte der Sohn zu ihm: Vater, ich habe mich gegen den Himmel und gegen dich versündigt; ich bin nicht mehr wert, dein Sohn zu sein. Der Vater aber sagte zu seinen Knechten: Holt schnell das beste Gewand und zieht es ihm an, steckt einen Ring an seine Hand und gebt ihm Sandalen an die Füße! Bringt das Mastkalb her und schlachtet es; wir wollen essen und fröhlich sein. Denn dieser, mein Sohn, war tot und lebt wieder; er war verloren und ist wiedergefunden worden. Und sie begannen, ein Fest zu feiern. Sein älterer Sohn aber war auf dem Feld. Als er heimging und in die Nähe des Hauses kam, hörte er Musik und Tanz. Da rief er einen der Knechte und fragte, was das bedeuten solle. Der Knecht antwortete ihm: Dein Bruder ist gekommen und dein Vater hat das Mastkalb schlachten lassen, weil er ihn gesund wiederbekommen hat. Da wurde er zornig und wollte nicht hineingehen. Sein Vater aber kam heraus und redete ihm gut zu. Doch er erwiderte seinem Vater: Siehe, so viele Jahre schon diene ich dir und nie habe ich dein Gebot übertreten; mir aber hast du nie einen Ziegenbock geschenkt, damit ich mit meinen Freunden ein Fest feiern konnte. Kaum aber ist der hier gekommen, dein Sohn, der dein Vermögen mit Dirnen durchgebracht hat, da hast du für ihn das Mastkalb geschlachtet. Der Vater antwortete ihm: Mein Kind, du bist immer bei mir und alles, was mein ist, ist auch dein. Aber man muss doch ein Fest feiern und sich freuen; denn dieser, dein Bruder, war tot und lebt wieder; er war verloren und ist wiedergefunden worden (Lk 15,11–32).

Dieses Gleichnis vom verlorenen Sohn enthält das Wichtigste der Botschaft des Evangeliums: die Barmherzigkeit Gottes für seine Kinder. Dieser Sohn hat alles Mögliche mit seinem Erbe – mit seinem Leben – gemacht und nur für sich und für sein Vergnügen gelebt, und nun kommt er zu seinem Vater zurück, weil es ihm schlecht geht. Durch sein Elend, das nicht von seinem Vater verursacht wurde, sondern durch sein Weggehen und seine Entfremdung, entdeckte er, dass ihn das von ihm frei Gewählte in eine Sackgasse geführt hatte.

Wie war die Reaktion seines Vaters? *Der Vater sah ihn schon von Weitem kommen, und er hatte Mitleid mit ihm: Er lief dem Sohn entgegen, fiel ihm um den Hals und küsste ihn.* Noch bevor der Sohn zurückkam, erwartete der Vater ihn mit offenen Armen und einem offenen Herzen. Er hielt nach ihm Ausschau, er wartete auf ihn, er hoffte, dass er zurückkehren würde. Sobald er ihn auf dem Weg entdeckte, ließ er alles stehen und ging ihm entgegen, als ob es sein einziger Sohn wäre. Er verzieh ihm – oder vielmehr »öffnete er ihm die Tür der Vergebung«, denn wenn er uns vollständig vergeben soll, braucht er dafür unser Einverständnis –, noch bevor der Sohn den Mund öffnete, ganz wie sich Jesus gegenüber der Ehebrecherin verhalten hatte. Die demütige und reuevolle Antwort seines Sohnes freute ihn mehr als alles andere. Er organisierte zu Ehren seines Sohnes das schönste Fest, *denn mein Sohn war tot und lebt wieder, er war verloren und ist wiedergefunden worden.* Jesus sagt, dass er *für die Kranken gekommen ist und nicht für die Gesunden und dass es im Himmel mehr Freude über einen reuigen Sünder gibt als über neunundneunzig Gerechte.* Auch hier verließ der Hirte die Herde, um das verirrte Schaf wiederzufinden, als ob es das einzige wäre. Bei ihm wird »das hässliche, kleine Entlein« zum königlichen Schwan. Gott zeigt uns, dass er uns wahnsinnig liebt und dass wir alle, auch wenn wir weit davon entfernt sind, »außerordentlich zu sein«, für ihn einzigartig sind. Eines Tages hat ein Freund zu mir gesagt: *Jeder von uns ist der Lieblingssohn und die Lieblingstochter des Herrn.* Ich finde diese Aussage unglaublich treffend! Auch wenn es »verschiedene Wohnungen« im Reich Gottes gibt, auch wenn Johannes als sein Lieblingsapostel Jesus besonders nahe war, sind wir trotzdem alle seine Lieblinge, seine geliebten kleinen Kinder. Was man auch immer schon Böses getan hat, unser Gott der Liebe ist immer bereit, uns aufzunehmen und uns zu verzeihen. *Der gute Schächer am Kreuz.* Als er seine Sünden und die Rechtmäßigkeit seiner Bestrafung erkannt hatte, sagte er zu Christus: *Denk an mich, wenn du in dein Reich kommst,* und Jesus antwortete ihm: *Amen, ich sage dir: Heute noch wirst du mit mir im Paradies sein.* Bis zum letzten Augenblick ist alles möglich. Nur wir stempeln einander ab und legen einander durch Äußerlichkeiten fest: *Er ist ein Heiliger, sie ist eine Schlampe.* Im Gegensatz zu einem Kleidungsstück, das durch den Stoff selbst einer Größe und Form angepasst wird, die in der Regel nicht verändert werden, ist die Seele beweglich, sie ist lebendig. Manchmal verliert sie an Heiligkeit und nimmt an Dummheit zu. Und sogleich passt sie nicht mehr in ihr Kleid, weil es ihren neuen Maßen nicht mehr entspricht. Wenn man seine spirituelle Wespentaille behalten möchte, dann ist das eine Glanzleistung! Zum Glück sind unsere Kleider durch das Blut Christi gewaschen und gereinigt. Jesus wäscht reiner als rein! Ohne ihn wäre keine Rettung möglich. Der Sohn Gottes ist der Einzige, dem es trotz unseres Abweichens von der Gnade und trotz unserer Sünden auf der göttlichen Waage gelingt, dass wir mit »dem Kleid der Taufe« in das Reich seines Vaters eintreten. Unseres Vaters. Wir vergessen zu oft das Gesetz, das Gott durch Mose gegeben hat. Von den 613 Geboten bringen die ersten beiden uns arme Menschen mehr als in Verlegenheit. *Höre, Israel! Der HERR, unser Gott, der HERR ist einzig. Darum sollst du den HERRN, deinen Gott, lieben mit ganzem Herzen, mit ganzer Seele und mit ganzer Kraft* (Dtn 6,4–5). *Das ist das wichtigste und erste Gebot. Ebenso wichtig ist das zweite: Du sollst deinen Nächsten lieben wie dich selbst* (Mt 22,38–39).

Hat es in der ganzen Menschheitsgeschichte ein einziges Wesen gegeben, dem das gelungen ist, außer Maria? Doch es steht geschrieben: *Wer ein einziges der Gebote nicht hält, hält alle Gebote nicht und wird in das ewige Feuer geworfen. Dort wird es Heulen und Zähneknirschen geben.* Das Gesetz rechtfertigt uns nicht, sondern klagt uns an, wie der heilige Paulus sagte. Der Einzige, der uns rettet, ist Jesus Christus. Und das einzige Wesen, das freiwillig den Willen Gottes in allen Punkten erfüllt hat, ist noch einmal

Maria. Wie es Vater David so gut im Film *La Mante Religieuse* ausdrückt: »Gott kann man nicht verdienen, er verschenkt sich.« Wir wollen nicht sein wie der Pharisäer im Tempel: *Der Pharisäer stellte sich hin und sprach leise dieses Gebet: »Gott, ich danke dir, dass ich nicht wie die anderen Menschen bin, die Räuber, Betrüger, Ehebrecher oder auch wie dieser Zöllner dort. Ich faste zweimal in der Woche und gebe den zehnten Teil meines ganzen Einkommens* (Lk 18,11–12). Sein Gebet ist alles andere als ein Gebet, denn er blickt auf sich selbst und ist voll Hochmut. Um zu sündigen, ist es nicht nötig, Menschen zu töten oder Kinder zu vergewaltigen, es genügt, zu wenig zu lieben. Die Sünde ist verbunden mit Egoismus und einem Mangel an Liebe gegenüber dem Nächsten, aber wer hat nicht schon einmal in seinem Leben sein Herz gegenüber einem anderen verschlossen? Die großen Sünden sind wie schwere Krankheiten, man erkennt sie und identifiziert sie leicht, sie springen ins Auge. Die »kleinen« Sünden dagegen erscheinen wie eine schlecht ausgeheilte Erkältung, die sich mit der Zeit in eine tödliche Lungenentzündung verwandelt, wenn täglich eine unmerklich kleine Dosis Rattengift unserer Seele zugeführt wird, bis sie nicht mehr reagiert. Jesus warnt uns, wenn er uns sagt: *Warum siehst du den Splitter im Auge deines Bruders, aber den Balken in deinem Auge bemerkst du nicht?* Wir müssen aufpassen, dass wir uns nicht von den Fehlern unserer Brüder in Beschlag nehmen lassen, indem wir zu selbst ernannten Richtern werden, Zorros[39] mit einer kleinen Haube auf dem Kopf. Es ist so leicht und verführerisch, unbewusst vor sich selbst zu fliehen. Wenn wir über die anderen richten, vergessen wir, uns selbst zu betrachten. Der

---

39 *Zorro* ist eine US-amerikanische Romanfigur, der »Rächers der Armen« (Anm. d. V.).

Hochmut ist die Eigenschaft par excellence des Teufels, und noch ist nichts entschieden. Wir werden nicht deswegen gerettet sein, weil wir getauft wurden und jeden Sonntag zum Gottesdienst gingen.

Jesus spricht diesbezüglich eindeutig: *Bemüht euch mit allen Kräften, durch die enge Tür zu gelangen; denn viele, sage ich euch, werden versuchen hineinzukommen, aber es wird ihnen nicht gelingen. Wenn der Herr des Hauses aufsteht und die Tür verschließt und ihr draußen steht, an die Tür klopft und ruft: Herr, mach uns auf!, dann wird er euch antworten: Ich weiß nicht, woher ihr seid. Dann werdet ihr anfangen zu sagen: Wir haben doch in deinem Beisein gegessen und getrunken und du hast auf unseren Straßen gelehrt. Er aber wird euch erwidern: Ich weiß nicht, woher ihr seid. Weg von mir, ihr habt alle Unrecht getan! Dort wird Heulen und Zähneknirschen sein, wenn ihr seht, dass Abraham, Isaak und Jakob und alle Propheten im Reich Gottes sind, ihr selbst aber ausgeschlossen seid* (Lk 13,24–28). Diese Worte richtet Jesus an Menschen, die ihm nahestehen, Menschen, die mit ihm essen und trinken, die daran gewöhnt sind, sein Wort zu hören. Wir wollen wachsam sein. Man kann bis zum Ende umkehren. Jeden Tag ist es notwendig zu kämpfen, wie in der Liebe. Nichts kann ein Paar so sehr gefährden wie der Gedanke am Hochzeitstag, dass der andere von nun an sein Eigen sei. Getauft zu sein, befreit uns nicht davor, dass wir kämpfen müssen, ganz im Gegenteil! Ein Christ ist ein Gladiator, der sich gegen den Strom des Zeitgeistes und der Moden stellt. Man muss dauernd kämpfen, und der schlimmste Kampf ist derjenige, den wir gegen uns selbst führen müssen. Wenn ich selbstzufriedenen Mönchen begegne, sage ich mir: *Mein Gott, die Armen! Ihre Seele ist im Begriff, ihren Geist aufzugeben.*

Neulich machte ich dazu eine bittere Erfahrung. Ich war von gewissen Verletzungen befreit und genoss den Sieg

Gottes in meinem Leben, als ob ich schon aus dem Schneider wäre. Was bin ich doch für ein unglückliches Geschöpf! Von da an kamen die Dämonen daher wie ein Wirbelwind! Es war nicht mehr einer, sondern »sieben«! Ich musste einen echten Angriff über mich ergehen lassen, der so weit ging, mich am Beten zu hindern. Wenn man einnickt, stirbt man, so ist das im Bereich der Spiritualität. Aber man kann bis zum letzten Augenblick umkehren, bis zum Augenblick, an dem man seinen letzten Atemzug tut.

Lasst uns für die Sterbenden beten.

Folge 6
Überblendung: abhängig von der Barmherzigkeit

Das Wort Barmherzigkeit braucht, so scheint mir, eine Klarstellung. Bei all den verwirrenden Plänen, mit denen uns Satan im Verlauf unseres Lebens überschüttet, wäre es nicht erstaunlich, wenn man eines entdecken würde, dass er hinterhältig eine falsche Ideenvorstellung, eine Art von »sublimer Gedanken« zwischen zwei Wahrheiten platziert hätte. Er könnte uns dazu verführen, Barmherzigkeit mit Lauheit und Toleranz zu verwechseln. *Wenn Gott die Liebe und die Barmherzigkeit ist, dann sind wir alle gerettet! Wie es in dem Lied heißt: »Wir kommen alle, alle in den Himmel.«*

Was aber wäre der Sinn unseres Erdendaseins, wenn, ob wir wollen oder nicht, uns verziehen würde, ohne dass wir uns auch nur im Geringsten anstrengen würden? Welchen Zweck hätten die Menschwerdung, das Leiden, der Tod Jesu gehabt? Gott könnte uns einfach gedanklich retten. Nach dem Ungehorsam unserer lieben Vorfahren Adam und Eva hätte der Herr nur zu sagen brauchen: »Das ist nicht schlimm, das ist eine Kleinigkeit. Auf geht's! Ein kleiner Segen und euch allen ist vergeben!« Wir sind kleine potenzielle »Adam und Evas« und wir sind hier auf der Erde, um uns zu bewähren. *Beiße ich in den Apfel, oder nicht? Übergebe ich mich Gott, oder nicht? Erkenne ich an, dass ich ohne ihn schwach bin, oder nicht?* Wenn alles so einfach wäre und das Böse nicht existierte, warum hätte dann Gott selbst in der Person seines Sohnes Jesus Christus sich »die Mühe machen sollen«, zu uns zu kommen, um uns zu retten?

Die Barmherzigkeit ist die Handschrift Gottes, seine ihm innewohnende »Neigung« zur Vergebung, ohne dass es ihm zu viel wird. Indem er uns sein vor Liebe zu uns brennendes Herz offenbart, gibt uns der Herr seinen »genetischen Code«, seine DNA, preis. Aber um uns vergeben zu können, benötigt er unsere Antwort. Wir müssen unsere Sünden bereuen.

Beiße ich in den Apfel, oder nicht?

Folge 7
Die heikle Kunst des Verzeihens

Vergib uns unsere Schuld, wie auch wir vergeben unseren Schuldigern.

Dieser Satz, den Jesus uns im Vaterunser vorgibt, ist schrecklich, wenn man bedenkt: *Vergib uns, wie wir vergeben,* also in der Art, wie wir vergeben. Wie macht man das, vergeben, wirklich vergeben, tief im Inneren und nicht nur »äußerlich«, oberflächlich? Wenn ich es genau betrachte, dann sind immer die anderen »die Bösen«, ich dagegen bin »die Liebenswürdige«, das Opfer, diejenige, die immer recht hat! Einmal kann es zutreffen, das zweite Mal auch, aber immer? Man muss zugeben, dass dies zumindest zweifelhaft wäre. Nachdem ich mich viele Jahre lang selbst zum Mitglied des »für alle offenen Klubs« der Opfer gemacht hatte, stellte ich mir schließlich verschiedene Fragen: »Bin ich eine Heilige oder ist mein Bild von den anderen – den Bösen – durch die Mehrstärkenbrille meiner kleinen Person verzerrt, die dermaßen Angst hat, sich infrage zu stellen? Man weiß ja nie. Ich könnte in mir etwas entdecken, was mir nicht gefällt und was mein frommes Selbstbild befleckt, in das ich verliebt bin. Weil ich es gewohnt bin zu schreiben und szenisch darzustellen, hat der Herr mir ein unvergleichliches Rezept gegeben – mit einem manchmal etwas bitteren Geschmack –, das mich vom Zauber der Vorspiegelung schöner Gedanken befreien kann. Ein Filmemacher erzählt durch seine Bilder eine Geschichte. Durch seine Inszenierung, durch die Kameraführung, die Wahl der Blickwinkel und Objektive führt er den Zuschauer so, dass er das Geschehen aus der Perspektive des Filmemachers wahrnimmt. Wenn die gleiche Szene von zehn verschiedenen Regisseuren aufgenommen würde – ohne auch nur den Schatten eines Kommas am Text zu ändern –, würde sie zehn unterschiedliche Sichtweisen darstellen. Am offensichtlichsten ist es, wenn der Hauptdarsteller der Handlung umbesetzt wird. Indem man von derselben Situation ausgeht, kann man eine Geschichte völlig unterschiedlich erzählen je nach der Perspektive des Protagonisten. Im Leben ist es genauso: Je nach dem Blickwinkel, dem Standpunkt, den wir einnehmen, wird anders geurteilt. Ich habe tatsächlich gelernt zu verzeihen, als ich begonnen habe, mich in den anderen hineinzuversetzen, meinen Blick und meinen Standpunkt zu ändern. Doch sich vorzustellen, »der andere zu sein«, besonders wenn er uns verletzt hat, ist keine Kleinigkeit. Wenn es einem jedoch gelingt, ist das Resultat beeindruckend! Indem man sich in den anderen hineindenkt, wenn man es durch seine Brille und durch seine Sichtweise, auch in Anbetracht seiner Verletzungen, betrachtet, versteht man schließlich sein Verhalten. Und »verstehen« heißt nicht gutheißen.

Denn wie ihr richtet, so werdet ihr gerichtet werden und nach dem Maß, mit dem ihr messt, werdet ihr gemessen werden (Mt 7,2).

Um den Weg des Verurteilens zu verlassen und vergeben zu können, sollte man den Weg des »Verstehens« nicht außer Acht lassen.

Ausgewählt!

Nachstehend ist das Gebet aufgeführt, das der Priester in der Basilika von Montmartre – Pater Louis Pelletier, ein heiliger Mann – mir ursprünglich gegeben hatte, das ich dann nicht mehr fand, bis ich es auf mysteriöse Weise am Tag nach meinem Unfall und meiner Begegnung mit dem Heiligsten Herzen Jesu wiederfand.

WEIHE AN DAS HERZ JESU

Herr Jesus, ich weihe deinem Herzen
meine Person und mein Leben,
mein Herz und mein Denken,
meine Erinnerung und mein Wollen,
meine Freuden und Leiden,
damit alles, was ich tue und was mir geschieht,
aus Liebe und zur Ehre Gottes geschehe.

Ich wähle dein Herz als meine Wohnung,
damit es meine Stärke sei in meinem Kampf,
das Heilmittel für meine Unbeständigkeit,
mein Licht und meine Führung
in den Stunden der Dunkelheit,
die Heilung für meine Fehler
und meine Zuflucht in der Stunde meines Todes.

Oh Herz der Liebe,
ich setze mein ganzes Vertrauen auf dich,
denn ich fürchte alles von meiner Schwäche,
aber ich hoffe alles von deiner Güte.

Herz Jesu, brennende Liebe zum Nächsten,
verbrenne in mir alles, was dir nicht gefällt,
alles, was dir widersteht.

Deine Liebe möge sich meinem Herzen so einprägen,
dass ich dich niemals vergessen kann
und nicht von dir getrennt werden kann,
sondern dass ich immer dein Freund bleibe.

Amen.

PS: Ich möchte noch etwas in Bezug auf meine Ausflüge in die Basilika von Montmartre anfügen. Nach dieser Episode mit dem Priester, Pater Louis, ging ich wieder dorthin – wie ich es schon lange vor meiner Begegnung mit ihm gewohnt war –, um in Sacré-Cœur zu beichten. In den »spirituellen Stoßzeiten« – am Abend nach der Arbeit – gibt es immer lange Warteschlangen. Manchmal wartet man stundenlang. Da ich nur auf meine Schuhe sah, bedrückt vom Gewicht meiner Sünden, fügte ich mich so unauffällig wie möglich in die Schar der Beichtwilligen ein. Aber ausgerechnet betrat jedes Mal, wenn ich an der Reihe war, Pater Louis den Beichtstuhl. Und als er seine Arbeit getan hatte, ging er absolut selbstverständlich wieder weg. Es war wie ein organisiertes Rendezvous – das war es übrigens auch, aber »von oben«. Gerade jetzt, während ich diese wenigen Zeilen schreibe, erfahre ich, dass Pater Louis zum Vater heimgegangen ist. Ein Unfall. Das Datum seines Todes ist der 6. Juli, der Jahrestag meines Unfalls und meiner Begegnung mit dem Heiligsten Herzen – ich kam am 5. abends ins Krankenhaus und verließ die Notaufnahme am 6. in der Früh. Auch wenn mein Unfall ein paar Jahre vorher stattgefunden hatte und der Tod des Priesters sich jetzt gerade erst ereignet hat, sehe ich darin so etwas wie ein kleines Zeichen von ihm. Dieser Priester, dem ich schließlich nur »über den Weg gelaufen bin«, hat mich tief berührt und diese langen Zeiten bei ihm in der Beichte haben mich für immer geprägt. Er fand immer die richtigen Worte und manchmal kam er sogar dem zuvor, was ich sagen wollte. Für ihn war ich eine »Seelenwerberin«. Ich habe keine Ahnung, ob er ein Engel war oder ein Mystiker. Aber eines ist sicher: Er war ein Apostel Christi.

Schlussklappe »Sehnsucht«

I love you – Ich liebe dich – Ti amo – Aku cinta kamu – Te quiero – Kocham Cie – Ngiyakuthanda – Eu te amo …

Wie Maria, wie Josef und alle Heiligen Gottes, aber auch wie alle Sünder, *die verirrten Schafe,* die Verlassenen, *die Leprakranken,* die Ausgestoßenen, *die Prostituierten,* die Jesus auf seinem Weg getroffen hat und die seinem Ruf geantwortet haben, so wollen wir keine Minute verlieren und zu Gott sagen: »Ich liebe dich.« Wir wollen ihm erquickende Blütenblätter der Liebe schenken. Er sehnt sich so sehr nach uns! Und das nicht erst seit gestern: *Jesus war müde von der Reise und setzte sich daher an den Brunnen; es war um die sechste Stunde. Da kam eine Frau aus Samarien, um Wasser zu schöpfen. Jesus sagte zu ihr: Gib mir zu trinken!* (Joh 4,6–9). Jesus ist allein, Jesus ist »müde vom Weg«, von dem Weg, den er geht, um uns zu retten. Er muss sich an unserem Herzen erquicken. Diese Frau, die Samariterin, ist keine Jüdin, sie ist eine »Unreine«, und Jesus bittet sie, ihm etwas zu trinken zu geben! Für einen Juden ist das unvorstellbar! Übrigens ist selbst die Frau überrascht: *Wie kannst du als Jude mich, eine Samariterin, um etwas zu trinken bitten? Die Juden verkehren nämlich nicht mit den Samaritern.* Unser Herr macht keinen Unterschied zwischen seinen Kindern. Er liebt uns alle, er will uns alle retten: Weiße, Olivfarbene, Gelbe, Rote, Schwarze, die Einwanderer … Wir haben für ihn alle dieselbe Farbe, die seiner Liebe. Große, Kleine, Alte, Junge, Kahlköpfige: Wir sind für ihn alle die Schönsten.

Das Unglaubliche ist, dass er um unsere Liebe bettelt, während er darauf wartet, dass wir auf seine Liebe antworten. Immer diese verrückte Sehnsucht Gottes nach uns. Wie im Garten von Gethsemane, nur wenige Stunden, bevor er für unsere Sünden ausgeliefert wurde. Auf dem Höhepunkt der Angst, kurz vor seinem Leiden, flehte er seine Apostel an, mit ihm zu wachen: *Und er nahm Petrus, Jakobus und Johannes mit sich. Da ergriff ihn Furcht und Angst, und er sagte zu ihnen: »Meine Seele ist zu Tode betrübt. Bleibt hier und wacht!«* (Mk 14,33–34). Petrus wird ihn einige Stunden später verleugnen, und Jakobus wird ihn angesichts des Leidens am Kreuz allein lassen. Im Lukasevangelium ist Jesu Angst so groß, dass sein Schweiß sich in Blut verwandelt: *Und er betete in seiner Angst noch inständiger und sein Schweiß war wie Blut, das auf die Erde tropfte* (Lk 22,44). Er ist allein und verlassen wie heute in einer Welt, die ihn zurückweist und die ihn nicht kennt. Tatsächlich hat er *sehr wenige Freunde.* Er rechnet mit uns.

Jesus sagt zu uns (vgl. Mt 22,37–39), dass die Gebote und das Gesetz zusammengefasst sind in unserer Liebe zu Gott und zu unseren Nächsten! Also lasst uns schließlich damit beginnen! Wir brauchen keine Angst davor zu haben zu lieben, es zu zeigen und es zu sagen, vor allem, weil Liebe ansteckend ist. Wagen wir es, diesen himmlischen Virus der Liebe auf andere zu übertragen!

Herr, dein Wille geschehe!

Patrick Theillier

Beeindruckende Nahtoderfahrungen

Zeichen des Himmels

Seit Jahren mehren sich die Zeugnisse über Nahtoderfahrungen. So ungewöhnlich diese Nahtoderfahrungen auch sein mögen, so gibt es in der Zwischenzeit eine Vielzahl von wissenschaftlichen Untersuchungen darüber. Für die Betroffenen ist dies eine existenzielle Erfahrung. Ihre Sicht auf das Leben ändert sich nachhaltig und sie haben keine Angst mehr vor dem Tod.
In diesem Buch werden bemerkenswerte Zeugnisse wiedergegeben. Dr. Patrick Theillier, langjähriger Leiter des Medizinischen Büros von Lourdes, ist überzeugt, dass es sich bei den Nahtoderfahrungen um Zeichen des Himmels handelt, die uns an unser spirituelles Wesen erinnern sollen und uns Einblick in das unsichtbare Leben geben.

Geb., 224 Seiten, 13,5 x 20,5 cm
ISBN 978-3-9479310-1-9